Genetische Daten innerhalb einer Familie

George Rabat

Genetische Daten innerhalb einer Familie

Analyse mittels eines Big Data Ansatzes

Springer

George Rabat
IT Management
FOM in Köln
Köln, Deutschland

ISBN 978-3-658-50426-7 ISBN 978-3-658-50427-4 (eBook)
https://doi.org/10.1007/978-3-658-50427-4

Die Deutsche Nationalbibliothek verzeichnet diese Publikation in der Deutschen Nationalbibliografie; detaillierte bibliografische Daten sind im Internet über https://portal.dnb.de abrufbar.

Planung/Lektorat: Renate Scheddin
Springer ist ein Imprint der eingetragenen Gesellschaft Springer Fachmedien Wiesbaden GmbH und ist ein Teil von Springer Nature.
Die Anschrift der Gesellschaft ist: Abraham-Lincoln-Str. 46, 65189 Wiesbaden, Germany

Disclaimer

Zur besseren Lesbarkeit wird in der vorliegenden Masterarbeit das generische Maskulinum verwendet. Alle Geschlechtsarten werden dabei ausdrücklich mitgemeint.

Gewählter Leitfaden

Leitfaden zur Gestaltung wissenschaftlicher Arbeiten – Stand März 2024

Zitationsstil

APA-Format (7th edition)

Zitate und Literaturverzeichnisse wurden mithilfe des Tools Mendeley erstellt.

Inhaltsverzeichnis

Abkürzungsverzeichnis

A	Adenin
AI	Artificial Intelligence
BI	Business-Intelligence
BMI	Körpermassenindex
C	Cytosin
CM	Centimorgans
CRISP-DM	Cross-Industry Standard Prozess für Data Mining
dbSNP	Short Genetic Variants Database
DL	Deep Learning
DNA	Deoxyribonucleic acid
DSR	Design Science Research
G	Guanin
GAD	Generalisierte Angststörung
GPAP	RD-Connect Genome-Phenome Analysis Plattform
GWAS	Genome-weite Assoziationsstudien
ISOGG	International Society of Genetic Genealogy
KI	Künstliche Intelligenz
MAF	Minor Allele Frequency
Mb	Megabase
MDS	Multidimensionale Skalierung
mRNA	Boten-RNA
PD	Panikstörung
Q1	Erster Quartil
Q3	Dritter Quartil

RSID	Reference SNP ID
SNPS	Einzelne Nukleotid-Polymorphismen
T	Thymin

Abbildungsverzeichnis

Tabellenverzeichnis

1 Einleitung

Die Genetik als moderne Wissenschaft wurde vor etwa 130 Jahren durch Gregor Mendels Entdeckung der Vererbungsgesetze aufgebaut. Seine Arbeiten wurden jedoch im Kontext anderer Untersuchung erst Anfang des 20. Jahrhunderts wieder übernommen. Dank Mendel konnte diese Wissenschaft ihre ersten Erfolge erreichen und wuchs schnell im Vergleich zu anderen biologisch-medizinischen Forschungsfeldern. Trotz der Vielfalt der Organismen zeigt es sich, dass die grundlegenden Prinzipien der Vererbung bei allen Lebewesen auf ähnliche Weise ablaufen. Zwar gilt Mendel als Auslöser der Revolution in der Genetik, jedoch gaben es bereits Hinweise in alten babylonischen Dokumenten darauf, dass die Vererbung bei Pflanzen und Tieren untersucht wurde. Der Ursprung liegt in den Beobachtungen wiederkehrender Merkmale, die von einer Elterngeneration zur nächsten weitergegeben wurden. So wurde schließlich die Genetik als Wissenschaft begründet (Zankl, 1998).

Ein zentraler Begriff der Genetik ist unter anderem Deoxyribonucleic acid (DNA) oder auf Deutsch Desoxyribonukleinsäure spielen heutzutage eine bedeutende Rolle in der Medizin. Dadurch werden wichtige Diagnosen für Familienmitglieder mit unterschiedlichem Verwandtschaftsgrad über verschiedene Krankheiten und Merkmale erstellt. Klinische Fallstudien zeigen, dass die Ergebnisse eines Gentestberichts wichtige Informationen für die Behandlung verschiedenster Krankheiten liefern. Dabei fließen Aspekte aus der Biochemie, Zytogenetik und Molekulargenetik in die Analyse ein, was die Interpretation dieser Berichte erleichtert. Zur Gewinnung der benötigten Informationen eines Tests

---

Ergänzende Information Die elektronische Version dieses Kapitels enthält Zusatzmaterial, auf das über folgenden Link zugegriffen werden kann https://doi.org/10.1007/978-3-658-50427-4_1.

G. Rabat, *Genetische Daten innerhalb einer Familie*,
https://doi.org/10.1007/978-3-658-50427-4_1

werden Laboruntersuchungen durchgeführt, bei denen Analysen von Chromosomen, Nukleinsäuren, Proteinen und Metaboliten zum Einsatz kommen. Aus diesen entstehen Hinweise auf erbliche Mutationen, Genotypen oder Phänotypen, die im Zusammenhang mit einigen Krankheiten stehen. Was Gentests besonders macht, ist die einmalig im Leben erforderliche Ausführung, um lebenslange entscheidende Einsichten zu bekommen. Sie tragen in manchen Fällen lebenswichtige Informationen für Verwandte wie Kinder und weitere Familienangehörige (Claustres et al., 2014).

Mit dem Fortschreiten von Big Data und den damit verbundenen Entwicklungen in der Analyse umfangreicher Datenmengen sind im Rahmen des Wachstums der Genetik zahlreiche analytische Verfahren entstanden, die darauf abzielen, Testergebnisse auf Anomalien zu untersuchen.

Wie bereits zuvor ausgeführt, finden KI-Algorithmen breite Anwendung in verschiedenen Bereichen der Genetik. Diese Arbeit konzentriert sich speziell auf die Analyse genetischer Daten und untersucht die Schnittstelle zwischen KI und DNA, um die Potenziale für eine intensivere Verzahnung beider Bereiche zu beweisen. Ein zentrales Problem, das hier behandelt wird, betrifft die begrenzten Testergebnisse, die viele Anbieter von DNA-Tests derzeit zur Verfügung stellen. Kunden, die sich detaillierte medizinische Berichte wünschen, stoßen oft auf Barrieren. Solche Zusatzinformationen sind entweder nicht verfügbar, nur gegen hohe Kosten erhältlich oder im Rahmen von wissenschaftlichen Forschungen zu finden, wobei nicht jeder Zugriff darauf hat. Im Rahmen dieses Ansatzes werden die in der Familie vorkommenden Erkrankungen, darunter Autismus, Krebs und Leukämie, durch die Identifikation und Analyse ähnlicher Muster in phänotypischen Daten in Verbindung mit den genetischen Testinformationen untersucht.

Die vorliegende Arbeit zielt darauf ab, die Vererbung genetischer Merkmale innerhalb familiärer Strukturen zu untersuchen, wobei ein besonderer Fokus auf die genetischen Determinanten gelegt wird. Ursprünglich sollten die phänotypischen Eigenschaften wie Augen-, Haut- und Haarfarbe betrachtet werden. Diese Merkmale, die durch DNA bestimmt werden, bieten wichtige Erkenntnisse zu den Mustern der Vererbung und deren Auswirkungen auf die Gesundheit von Familienmitgliedern. Da die begrenzte Verfügbarkeit von Daten eine vollständige Analyse nicht möglich machen, konzentriert sich diese Arbeit auf die Identifikation von Mutationen, die Untersuchung von Genotypen und infolgedessen zu analysieren, welche Zusammenhänge zwischen Chromosomen, ihrer Positionen und den vorliegenden Allelen oder Genotypen bestehen. Weiterhin wird der Grad der genetischen Verwandtschaft durch die Big Data-Ansätze präzisiert.

Zusätzlich wird untersucht, wie familiäre genetische Beziehungen mit potenziellen Krankheitsmustern korrelieren, um ein tieferes Verständnis für die genetische Prädisposition und ihren Einfluss auf die Gesundheit zu gewinnen.

1.1 Zentrale Forschungsfrage

Die zentrale Forschungsfrage dieser Arbeit lautet: Wie können explorative Methoden für die Identifikation von Zusammenhängen zwischen Chromosomen, deren Positionen und den vorliegenden Genotypen sinnvoll verwendet werden? Welche KI-gestützten Methoden und Datenanalyseverfahren eignen, um detaillierte Abstammungs- und Herkunftsanalyse zu ermöglichen? Ziel ist es, Stammbäume zu generieren, die genetische Verbindungen aufzeigen und die familiäre Herkunft durch innovative Ansätze in der Ahnenforschung präzise nachzuvollziehen. Das Untersuchungsziel behandelt die Thematik der genetischen Variationen und Vererbungsmuster innerhalb familiärer Strukturen, um die krankheitsrelevanten Informationen wie Krebs, Autismus und Leukämie zu identifizieren.

1.2 Verlauf der Arbeit

Die Arbeit ist thematisch in den Bereichen Einleitung, theoretischen Grundlagen über DNA und KI sowie Analyse, kritische Betrachtung, abgeleitete Forschungsfrage und Fazit gegliedert. Begonnen wird mit der Einleitung, in der die Entstehung und grundlegende Definition der Genetik erläutert werden. Darüber hinaus wird die Rolle der KI in der Molekular-Medizin thematisiert. Zum Abschluss der Einleitung wird die zentrale Problemstellung formuliert, aus der eine konkrete Forschungsfrage abgeleitet wird. Zur Beantwortung dieser Forschungsfrage wird im zweiten Kapitel eine theoretische Grundlage geschaffen. Zunächst werden zentrale Begriffe wie Chromosomen, Positionen, Genotypen, Übertragungstechniken, Genome-Wide Association Studies (GWAS) und Vererbungsmuster definiert und voneinander abgegrenzt. Anschließend werden die im Rahmen der Arbeit eingesetzten KI-Algorithmen, darunter Clustering-Verfahren und neuronale Netze, detailliert erläutert.

Darauf folgen die Evaluationsmethoden, wie der Jaccard-Index, die Korrelationsmatrix und der Silhouette-Koeffizient, die für die Bewertung der Ergebnisse herangezogen werden. Das Kapitel schließt mit einer Einführung in die relevanten Python-Bibliotheken, wie NetworkX und Boxplot, ab.

Die Ergebnisse der Forschung werden im dritten Kapitel präsentiert, welches mit der Beschreibung des Forschungsdesigns beginnt. Die Bearbeitung der Daten erfolgt nach dem Cross Industry Standard Process for Data Mining (CRISP-DM), dessen Schritte ergebnisorientiert im Analyseprozess angewendet werden. Im zweiten Abschnitt dieses Kapitels werden die erzielten Ergebnisse diskutiert und miteinander verglichen. Gemäß der Literatur wird im Rahmen einer Fallstudie ein Bericht erstellt, dessen Inhalte im Kapitel Diskussion zusammengefasst sind. Ergänzend wird eine Evaluierungsumfrage durchgeführt, um die Ergebnisse des neuronalen Netzes zu validieren. Die letzten Abschnitte des dritten Kapitels umfassen eine kritische Reflexion der Ergebnisse sowie die Formulierung weiterführender Forschungsfragen, die in zukünftigen Arbeiten beantwortet werden könnten. Abgeschlossen wird die Arbeit durch ein Fazit, in dem die Ergebnisse systematisch zusammengefasst und reflektiert werden. Dazu wird ein Ausblick über die anstehenden nicht geforschten Themen dargestellt.

1.3 Literaturrecherche

In diesem Kapitel werden die benutzen Literaturen beschrieben. Die Auswahl solcher erfolgte durch die Berücksichtigung des H-Index und das Ranking der Journals in einem Spektrum von nur Q1 und Q2. Dieses Ranking deutet auf die Qualität des Artikels. Die Literaturrecherche teilt sich auf vier Themengebiete wie folgt:

1. Einleitung, Problemstellung, Forschungsfrage und Forschungsdesign
2. DANN-Grundlagen
3. KI-Modelle
4. Explorative Ansätze und deren Evaluierungsmöglichkeiten (Werkzeuge für die Analyse)

Die Themenbereiche wurden mit Quellen untermauert und in Hinblick auf das zugrunde liegende Ratingverfahren eingesetzt.

Eine Excel-Datei ist (Quellindex im elektronischen Zusatzmaterial einsehbar) enthalten, die die verwendeten Quellen sowie die zugehörigen Ranking-Informationen dokumentiert. Bei der Quellenrecherche wurden spezifische Wortkombinationen eingesetzt, um relevante Literatur zu finden. Zu den genutzten Begriffen zählen unter anderem: Genetik und KI, Chromosomen, Mutationen, GWAS, Übertragungstechnik, K-Means, DBSCAN, Jaccard-Matrix und -Index, hierarchisches Clustering, neuronale Netze, Korrelationsmatrix, NetworkX und Boxplot. Diese Begriffe wurden systematisch in Frageformulierungen integriert, wie etwa was ist…? Wie funktioniert…? oder Definition von…?. Die Literaturrecherche konzentrierte sich ausschließlich auf wissenschaftliche Artikel und Bücher, Internetquellen wurden nicht verwendet. Zudem wurde die Recherche und die Formulierung der Suchanfragen in englischer Sprache durchgeführt.

Die spezifische Verteilung der Begriffe wird nachfolgend dargestellt:

1. Einleitung, Problemstellung, Forschungsfrage und Forschungsdesign
   a. Genetik, Relevanz der Genetik
   b. KI-Rolle in der Genetik
   c. Was ist KI?
   d. Rolle der Genetik
2. DNA Grundlagen
   a. Was ist ein Genom?
   b. Chromosomen
   c. Centimorgans
   d. Sexuelle Chromosomen X und Y
   e. Was ist Genotyp heterozygot und homozygot?
   f. Definition von Vererbung und wie funktioniert die Krankheitsübertragung
   g. Verwandtschaftsgrad
   h. Nucleinsäuren
   i. MAF
   j. Allelfrequenz in der Genetik
   k. Centimorgans in Verwandtschaftsgrad
   l. GWAS für Mutationen
   m. Mutation und Übertragungsverfahren in der Genetik/ Verwandtschaftsintervalle
3. KI-Modelle
   a. Clustering DBSCAN
   b. Clustering K-Mean
   c. Hierarchisches Clustering
   d. Neuronale Netze
4. Explorative Ansätze und deren Evaluierungsmöglichkeiten
   a. Jaccard-Index Relationserkennung
   b. Jaccard-Matrix
   c. Was ist Korrelationsmatrix?
   d. Silhouette-Koeffizient in Clustering
   e. Networkx
   f. Box Plot

Als Hilfsmittel für die Recherche wurde das Tool Mendeley eingesetzt.

2 Theoretische Grundlagen

Wie aus dem Forschungsdesign zu entnehmen, beginnt die Arbeit mit der Erklärung der theoretischen Grundlagen. Dieses Kapitel teilt sich in zwei wesentliche Unterkapitel auf. Zunächst wird das Wissen über DNA und die dazugehörigen Informationen beschrieben. Anschließend werden die Einsatzmöglichkeiten der explorativen Methoden und den Ansatz von KI diskutiert.

2.1 Grundlagen DNA

Die Einleitung erläuterte das grundlegende Konzept des Gens als Träger der Vererbung von den Eltern an ihre Nachkommen. Eine weitere Untersuchung, veröffentlicht von der Nature Publishing Group, bestätigt und erweitert diese Definition, indem sie die Verbindung zu Enzymen und Proteinen herstellt. Mit dem Aufkommen der Molekularbiologie wurden Gene als spezifische DNA-Sequenzen definiert, die in Boten-RNA (mRNA) transkribiert werden. Diese mRNA ist entscheidend für die Synthese von Proteinen und bildet den Baustein für die Zellen. In diesem Kontext werden die DNA-Moleküle der Chromosomen als Speichermedien für die aneinandergereihten Gene betrachtet. Heute gilt diese Sichtweise jedoch als veraltet, da Chromosomen weit mehr Informationen tragen als ursprünglich angenommen. Sie tragen neben ihrer Rolle als Übermittler genetischer Informationen zur Regulierung der Zellprozessen bei und enthalten

---

Ergänzende Information Die elektronische Version dieses Kapitels enthält Zusatzmaterial, auf das über folgenden Link zugegriffen werden kann https://doi.org/10.1007/978-3-658-50427-4_2.

G. Rabat, *Genetische Daten innerhalb einer Familie*,
https://doi.org/10.1007/978-3-658-50427-4_2

Informationen über die Abstammung. Im Rahmen des internationalen ENCODE-Projekts, welches das Genom im Detail untersuchte, wurde festgestellt, dass seine Komplexität größer ist als zuvor wahrgenommen. Der Forscher Roderic Guigó vom Center for Genomic Regulation in Barcelona bestätigt diese Erkenntnisse in seiner Studie. Während in der Vergangenheit Gene in erster Linie als Protein-codierende Einheiten verstanden wurden, wird heute das gesamte Genom als ein komplexes Netzwerk betrachtet (Pearson, 2006).

Im Kontext der Genetik spielen Chromosomen eine zentrale Rolle, da sie das genetische Material einer Zelle enthalten. Es ist daher zunächst notwendig, den Begriff Chromosomen genauer zu definieren. Chromosomics vereint die Perspektiven der Genomforschung, Zytogenetik und Zellbiologie, um ein ganzheitliches Verständnis der Chromosomen zu fördern. Chromosomen sind nicht zufällig im Zellkern verteilt, sondern in spezifischen Bereichen, sogenannte chromosomale Territorien, organisiert. Diese Organisation ist entscheidend für den Zellteilungsprozess. Die enge Verbindung zwischen der Struktur der Chromosomen, ihrer Position im Zellkern und der DNA trägt erheblich dazu bei, genetische Daten zu erzeugen, die zum besseren Verständnis der Chromosomenstruktur und ihrer Funktion dienen.

Solche Analysen liefern wertvolle Einblicke in die evolutionäre Dynamik von Genomen und die Mechanismen der genetischen Vererbung von einer Generation zur nächsten (Deakin et al., 2019). In einer Studie wurde aufgezeigt, dass Frauen in bestimmten Aspekten ihrer Gesundheit schlechter abschneiden als Männer, was als Mortality-Morbidity-Paradoxon bezeichnet wird. Dieses Paradoxon wird in Bezug auf die Epidemiologie, Pathophysiologie und die Symptome altersassoziierter Erkrankungen wie kardiometabolische Erkrankungen, Krebs und neurodegenerative Erkrankungen untersucht, wobei zwischen den Geschlechtern differenziert wird. Diese Unterschiede können durch verschiedene, teils noch unklare Einflussfaktoren erklärt werden. Es wird jedoch auf eine Vielzahl von Faktoren hingewiesen, die den gesundheitlichen Zustand von Frauen und Männern entweder verstärken oder abschwächen können.

Ein wesentlicher Aspekt dieser Unterschiede ist die biologische Natur, insbesondere die Geschlechtschromosomen, die maßgeblich zum sexuellen Dimorphismus beim Menschen und anderen Säugetieren beitragen. Darüber hinaus unterscheiden sich die Längen der Geschlechtschromosomen. Das X-Chromosom umfasst etwa 156 Millionen Basenpaare, während das Y-Chromosom lediglich 57 Millionen Basenpaare enthält und als passives Chromosom in der Vererbungstechnik bei männlichen Lebewesen existiert. Unter anderem bedeutet das, dass die

Krankheiten bei Männern nur durch das X-Chromosom übertragen wird, während sie bei Frauen dementsprechend durch die Übereinstimmung über beide X hinweg verursacht werden (Kananen & Marttila, 2021).

Chromosomen sind also Träger sämtlicher genetischer Informationen. Dazu gehört auch die Identifikation genetischer Variationen, die in Form von Genotypen erfasst werden. Genotypen haben einen erheblichen Einfluss auf menschliche Merkmale und spielen eine zentrale Rolle in der Bestimmung der Krankheitsanfälligkeit der Träger. Die Funktion von Genotypen geht weit über diese Aspekte hinaus. Beispielsweise spiegeln sie auch die Variabilität von Persönlichkeitsmerkmalen wider. Genetische Untersuchungen befassen sich daher mit der Analyse der Beziehungen zwischen wichtigen Merkmalen und den gesamten Genomsequenzen einer Vielzahl getesteter Individuen (Yun et al., 2009).

Genotypen repräsentieren die genetischen Merkmale eines Individuums und lassen sich in homogene und heterogene unterteilen. Diese Klassifikation basiert auf den Allelen bzw. Merkmalsträgern, die vom Individuum auf seinen Chromosomen getragen werden (Livshits & Kobyliansky, 1982). Als homogen wird ein Genotyp klassifiziert, wenn die Allele eines Individuums auf den Chromosomen identisch sind. Im Gegensatz dazu wird ein Genotyp als heterogen bezeichnet, wenn die Allele auf den Chromosomen variieren und somit unterschiedlich sind. Wenn es über Allele handelt, wird auch über Allelfrequenz gesprochen (Li, 2008). Die Frequenz der Allelen wird unter Minor-Allels (MAF) bezeichnet und gibt an, wie stark genetische Merkmale erkannt werden können. MAF beschreibt die Intensität eines Merkmals in einem Genotyp (Tabangin et al., 2009).

Durch die molekulare Analyse können zahlreiche Krankheiten diagnostiziert werden. Das Verständnis der Gensequenz ermöglicht die Identifikation von Zellmutationen und deren Ursachen. DNA und RNA bestehen aus stickstoffhaltigen biologischen Verbindungen, den sogenannten Nukleotidpaaren. Zu diesen zählen Adenin (A), Guanin (G), Cytosin (C) und Thymin (T). Zu der Purin-Gruppe gehören A und G während C und T der Pyrimidin-Gruppe zugeordnet sind (Monavari & Memarian, 2023).

Im Kontext der Vererbung ist es unerlässlich, auf das Thema Vererbung selbst einzugehen. Die Vererbung stützt sich auf neueste Entdeckungen in der Genetik, insbesondere auf die molekularen und zellulären Mechanismen, die für die Weitergabe genetischer Informationen innerhalb der biologischen Struktur verantwortlich sind. Ein besonderer Fokus liegt hierbei auf mitochondrialen Mutationen, die in vielen Fällen die Ursache für menschliche Krankheiten darstellen (Birky, 2001).

Chromosomen, die häufig in genetischen Diskussionen erwähnt werden, weisen spezifische Längen auf, die mit L bezeichnet werden. Diese Länge repräsentiert eine definierte Anzahl von Bits innerhalb einer Bitfolge, welche die Menge der enthaltenen Gene abbildet. Die Bestimmung der Chromosomenlänge kann auf verschiedene Weisen erfolgen, abhängig von der gewählten Maßeinheit (Dorota Mackiewiczn, 2010).

In folgenden Ansätzen werden die verschiedenen Möglichkeiten verdeutlicht, um die Länge von Chromosomen sowohl physisch als auch genetisch präzise zu bestimmen (Dorota Mackiewiczn, 2010).

Anzahl der Gene: Die Länge wird durch die Anzahl der Gene auf einem Chromosom bestimmt (Dorota Mackiewiczn, 2010).

Physische Einheit: Diese misst die physische Länge eines Chromosoms in Nukleotidpaaren, beispielsweise von einem ersten genetischen Marker bei 31,5 Megabase (Mb) bis zum letzten Marker bei 244,5 Mb. Hierbei können Chromosomen eine unterschiedliche Anzahl von Genen aufweisen (Dorota Mackiewiczn, 2010).

Genetische Einheiten (Centimorgans, cM): Diese Maßeinheit gibt die genetische Distanz basierend auf der Rekombinationshäufigkeit an und dient als Referenz für genetische Größen.

2.1.1 Übertragungstechnik von Krankheiten und Mutationen

Die Übertragung von Krankheiten und Mutationen funktionieren auf einer gewissen Weise, die in diesem Kapitel als Grundlage für die medizinische Analyse im späteren Verlauf dient. Die Studie „Allelfrequenzen an Mikrosatelliten-Loci: Das schrittweise Mutationsmodell neu betrachtet“ untersucht die Rolle von Allelen bei der Übertragung von Mutationen. Dabei wird der Fokus auf Mikrosatelliten gelegt, die repetitive DNA-Sequenzen darstellen. Diese instabilen Wiederholungseinheiten sind oft mit genetischen Erkrankungen wie der myotonischen Dystrophie und dem fragilen X-Syndrom assoziiert. Besonders auffällig ist, dass Prämutationen in betroffenen Familien gehäuft auftreten. Die Studie zeigt, dass Allele mit einer Wiederholungszahl von etwa 50 bis 200 Wiederholungen mit der Entwicklung des Fragilen X-Syndroms in Verbindung stehen.

Bei gesunden Probanden liegt die Wiederholungszahl in der Regel bei etwa 45 (Valdes et al., 1993). In einer weiteren Studie wurde auf die Verteilung der Variationen in der Genetik als wesentliche Ursache der Diversität hingewiesen. Außerdem wird beschrieben, dass Unterschiede in Mutationsalter eine

Auswirkung auf verschiedene evolutionäre Prozesse haben und zu verschiedenen Mustern in genetischen Variationen führen. Im Gegensatz weisen seltene Allele auf Populationsausweitung bzw. Mutationen hin (Linck & Battey, 2019).

2.1.2 Intervalle der Verwandtschaftsgrade

Der Verwandtschaftsgrad repräsentiert die genealogischen Beziehungen zwischen Individuen anhand der Summe aller geteilten cM. In den Jahren 2015 und 2016 wurde ein Projekt mit dem Titel The Shared cM Project durchgeführt, bei dem 10.000 Teilnehmende ihre Verwandtschaftsdaten einreichten, einschließlich der Angabe der geteilten cM. Um die Datenqualität sicherzustellen, wurden dabei Ausreißer ausgeschlossen. Die Hauptaufgabe der Teilnehmenden bestand darin, die Verwandtschaftsgrade in den bereitgestellten Daten zu bestimmen (Bettinger, 2016). Eines der zentralen Probleme, die im Rahmen des Projekts behandelt wurden, war die Unschärfe in der Teilmenge der Informationen zu familiären Beziehungen. Ein weiteres Problem betraf die Unsicherheit oder die unzureichend begründeten Aussagen der Datenlieferanten darüber, weshalb bestimmte Personen einen spezifischen Verwandtschaftsgrad aufwiesen. Hierbei wurden die Forschungsergebnisse der International Society of Genetic Genealogy (ISOGG) Wiki berücksichtigt. Die auf dieser Plattform bereitgestellten Daten boten jedoch nur zu etwa 50 % exakte Angaben über die Verwandtschaftsgrade (Bettinger, 2016).

Die im Projekt erstellten Tabellen spiegeln die erwarteten Werte einer familiären Beziehung wider, liefern jedoch keine verlässlichen Angaben darüber, ob die ermittelten Verwandtschaftsgrade korrekt oder fehlerhaft sind. Im Verlauf des Projekts konnten die bestehenden Informationen zu den Verwandtschaftsgraden optimiert werden. Dabei wurden auch Daten über geteilte DNA des Anbieters AncestryDNA berücksichtigt.

Im Rahmen des Projekts wurden verschiedene Herausforderungen identifiziert, darunter fehlerhafte Dateneingaben, inkorrekte Verwandtschaftsangaben, Auswirkungen von Endogamie und Ahnenschwund sowie die Schwellenwerte, die von den Anbietern verwendet wurden. Die Ergebnisse des Projekts lieferten schließlich detaillierte Angaben zu diesen Problemfeldern und trugen zur Verbesserung der Verlässlichkeit von Verwandtschaftsanalysen bei (Bettinger, 2016). Die Problemfelder sind:

- Bekannte Beziehung
- Gesamter cM-Wert

- Anzahl gemeinsamer Segmente
- Endogamie oder bekannte Verwandte (Ja/Nein)
- Quelle (z. B. AncestryDNA, Family Tree DNA, GEDmatch)

Zusätzliche Optimierungsverfahren wurden auf den erhobenen Daten angewendet, um die Datenqualität weiter zu verbessern. Dabei erfolgte eine Standardisierung der Verwandtschaftsbezeichnungen sowie die Eliminierung fehlerhafter Datensätze. Von den ursprünglich 10.000 eingereichten Fällen konnten 9.720 korrekt klassifiziert werden. In der fünften Tabelle (Tabelle 5 im elektronischen Zusatzmaterial einsehbar) sind die Verwandtschaftsgrenzen aufgeführt (Bettinger, 2016). In dieser Tabelle sind die jeweiligen Verwandtschaftsbeziehungen in der linken Spalte und die dazugehörigen Werte für die Anzahl der getesteten mit einem Verwandtschaftsstatus, den Minimalwert von cM (Min), die Durchschnittsanzahl der getesteten (Average) und den Maximalwert von cM (Max) angegeben.

Für diese Fallstudie sind die organmarkierten Spalten aus Tabelle fünf (Tabelle 5 im elektronischen Zusatzmaterial einsehbar) relevant und werden im späteren Verlauf in der Programmierung widerspiegelt. Dabei wurde der Durchschnitt der minimalen und maximalen cM -Wert selbst berechnet, da die Intervalle unklar voneinander differenziert sind.

2.1.3 GWAS Datenbank

GWAS ist eine Datenbank, die statistische Informationen über genetische Varianten enthält, die als Auslöser für eine Krankheit gelten.

Beispielsweise werden dort Informationen zur Identifizierung von Phänotypen, Schätzung ihrer Erblichkeit, Berechnung genetischer Korrelationen, Vorhersage klinischer Risiken, Information von Programmen zur Arzneimittelentwicklung und Ableitung potenzieller kausaler Beziehungen zwischen Risikofaktoren und Gesundheitsdiagnosen gesammelt (Uffelmann et al., 2021).

Ziel dieser Datenbank ist es, Genotypen mit Phänotypen anhand der Allelfrequenz abzugleichen. In GWAS werden Sequenzvariationen berücksichtigt, die sich auf die Übereinstimmung der Blöcke in den einzelnen Nukleotid-Polymorphismen (SNPs) beziehen, welche signifikant mit den Merkmalen korrelieren. Diese Phänomene werden als Risikoloci bezeichnet. Die Erstellung dieser Assoziationen unterstützt sämtliche Studien in der Medikamentenentwicklung. Die Ergebnisse von GWAS werden durch Verwendung von Regressionsmodellen erstellt, die durch den Phänotyp beeinflusst werden. Faktoren wie Alter, Geschlecht und Abstammungen werden einbezogen, damit konfundierende

Effekte durch demografische Verteilung verhindert werden können (Uffelmann et al., 2021).

Eine Anwendung der GWAS-Datenbank fand in einer Studie Meta-analysis of genome-wide association studies of anxiety disorders statt, in der genetische Effekte untersucht wurden, die sich über fünf Hauptangststörungen verteilen. Dazu gehören unter anderem generalisierte Angststörung (GAD), Panikstörung (PD), soziale Phobie, Agoraphobie und spezifische Phobien (Otowa et al., 2016). Eine weitere Datenbank namens SNPedia wurde in dieser Forschungsstudie ebenfalls verwendet, die gleichartig wie die GWAS-Datenbank fungiert. Die Gewichtung wird in der Analyse auf die GWAS-Datenbank gelegt.

2.2 Grundlagen von KI

In der Analyse von DNA-Daten kommen vielfältige Methoden zum Einsatz, die sowohl medizinische als auch technologische Aspekte umfassen. Die Literatur zeigte, dass der Einsatz von KI-Modellen zur Analyse genomischen Daten in den letzten Jahren deutlich zugenommen hat. Dabei kommen verschiedene Methoden des maschinellen Lernens zum Einsatz. Die vorgelegte Forschungsarbeit legt einen Schwerpunkt auf die Analyse erzeugter DNA-Daten unter Anwendung unterschiedlicher Ansätze.

Worüber dieses Kapitel die theoretische Grundlage für die spätere Implementierung derartiger Algorithmen aufbaut, welche sich in zwei Unterkapitel gliedert. Erstens behandelt die Aspekte des Clusterns untersucht, während im zweiten Teil die Grundlagen neuronaler Netze definiert und erläutert werden.

2.2.1 Clustering DBSCAN, K-Means & hierarchisches Clustering

Clustering lässt sich in zwei grundlegende Konzepte unterteilen, das harte und weiche Clustering. Der wesentliche Unterschied zwischen diesen beiden Ansätzen besteht darin, dass beim harten Clustering Datenpunkte strikt einem einzigen Cluster zugeordnet werden, während beim weichen Clustering Datenpunkten eine Zugehörigkeit zu mehreren Clustern erlaubt ist. In zweiterem Fall können sich die Cluster überlappen, wodurch eine flexiblere und realitätsnähere Modellierung von Daten ermöglicht wird. Clusterings-Algorithmen erfolgen schrittweise. Erst werden die Merkmalen erkannt, dann ein Algorithmus entwickelt und am Schluss sind die Ergebnisevaluierung und Ergebnisinterpretation (Sharma & Batra, 2019).

DBSCAN:

Das Modell stellt einen Clustering-Algorithmus dar, der auf der Grundlage einer minimalen Dichte operiert, die durch einen festgelegten Schwellenwert definiert ist. Punkte, die eine bestimmte Anzahl an Nachbarn, auch als *minPts* bezeichnet, aufweisen, werden als Kernpunkte betrachtet und einem Cluster zugeordnet. Ziel des Algorithmus ist es, Gebiete zu identifizieren, die eine Mindestdichte aufweisen und durch die Distanz ε definiert werden. Im Gegensatz zu anderen Ansätzen berücksichtigt der Algorithmus die Dichte nicht zwischen einzelnen Punkten, sondern lediglich innerhalb der Nachbarschaft eines Kernpunkts. Diese Nachbarschaft wird durch den ε-Radius definiert, der den Bereich um den Kernpunkt eines Clusters abdeckt. Falls ein Nachbarpunkt innerhalb eines Clusters selbst zu einem Kernpunkt wird, werden dessen Nachbarn, einschließlich der Randpunkte, dem bestehenden Cluster hinzugefügt. Randpunkte wiederum sind minPts, die die Kriterien eines Kernpunkts nicht erfüllen, jedoch innerhalb des ε-Radius eines Kernpunkts liegen und somit dem Cluster indirekt zugeordnet werden können. Der DBSCAN-Algorithmus unterscheidet Randpunkte präzise, sodass diese eindeutig einem einzigen Cluster zugeordnet werden.

Nachdem Randpunkte den Kernpunkten zugewiesen wurden, werden die Daten auf Ausreißer untersucht. Sollte für diese Ausreißer ein neuer Kernpunkt entstehen, wird ein zusätzlicher Cluster gebildet. Eine erneute Klassifikation der Punkte kann erfolgen, falls die Zuordnung eines Ausreißers zu einem Cluster eine Änderung in der Clusterstruktur bewirkt. DBSCAN ist in der Lage, Datensätze unterschiedlicher Natur zu verarbeiten, wie geografische Daten, Polygone oder andere Datentypen. Studien zeigen, dass die Reihenfolge der Eingabedaten die Ergebnisse des DBSCAN-Algorithmus beeinflussen kann. Dieses Problem wurde jedoch durch den HDBSCAN-Algorithmus gelöst, der auf die Berücksichtigung von Randpunkten verzichtet (Schubert et al., 2017).

K-Means:

Die Anwendung von Clustering-Algorithmen, wie der K-Means-Algorithmus, hat in den letzten Jahren in der Bioinformatik zunehmend an Bedeutung gewonnen. Insbesondere wurde dieser Ansatz erfolgreich zur Identifikation von Merkmalen genetischer Varianten sowie zur Analyse ihrer Zusammenhänge mit spezifischen Diagnosen, wie beispielsweise einzelnen Nukleotid-Polymorphismen SNPs, die in Zusammenhang mit Kontaktdermatitis stehen, eingesetzt. Die Analyse von DNA-Daten zeigt dabei eine bemerkenswerte Effizienz in der Verarbeitung großer genomischer Datensätze, einschließlich SNP-Daten, sowie in der Untersuchung der Genotypen von Patienten. Durch den Einsatz solcher Algorithmen konnten genetische Variationen identifiziert werden, die einen Zusammenhang mit der untersuchten Diagnose, wie Kontaktdermatitis, aufweisen (He et al., 2024).

Der K-Means-Algorithmus stellt eine Methode zur Klassifikation von Clusterobjekten (n = Datenpunkte) in K-Klassen dar. Jede Klasse wird durch einen Repräsentanten charakterisiert, der die spezifischen Eigenschaften der Klasse wiedergibt. Die Zuordnung der Clusterobjekte erfolgt durch den Vergleich mit diesem Repräsentanten, wobei die Distanz zum Clusterzentrum als Entscheidungsgrundlage dient. Der Algorithmus basiert auf drei wesentlichen Schritten. Im ersten Schritt werden initiale Clusterzentren definiert. Anschließend erfolgt die Berechnung der Distanz zwischen den Datenpunkten und den festgelegten Clusterzentren. Auf Basis dieser Distanzen werden die Objekte den jeweiligen Clustern zugeordnet.

Dieser Vorgang der Distanzberechnung und Neuklassifikation wird iterativ wiederholt, bis jedes Objekt einem Cluster zugeordnet ist und sich die Clusterstruktur nicht weiter verändert (He et al., 2024). Eine weitere Studie beschreibt die Funktionalität des K-Means-Algorithmus als eine Maßnahme zur Optimierung der Ähnlichkeit innerhalb von Clustern. Dabei wird angestrebt, die Homogenität der Datenpunkte innerhalb eines Clusters zu maximieren, während gleichzeitig die Differenzierung zwischen den Clustern verstärkt wird. Die Zuordnung von Objekten zu Clustern erfolgt basierend auf ihrer Ähnlichkeit mit den jeweiligen Clusterzentren. Der Algorithmus gilt als sensitiv gegenüber der initialen Positionierung der Zentroiden, da das Endergebnis stark von der Anzahl der gewählten Cluster sowie von der anfänglichen Konfiguration der Zentroiden beeinflusst wird (Khaleel et al., 2024).

Hierarchisches Clustering:

Das hierarchische Clustering ist ein weiteres Verfahren zur Clusteranalyse, das sich durch die schrittweise Aufteilung und Zusammenführung von Objekten auf verschiedenen Ebenen auszeichnet. Im Gegensatz zu partitionierenden Methoden wie K-Means, bei denen Cluster anhand vordefinierter Kriterien gebildet werden, basiert das hierarchische Clustering auf einer schrittweisen Strukturierung der Cluster in einer hierarchischen Anordnung. Dabei kann entweder ein Top-Down-Ansatz (vom Allgemeinen zum Speziellen oder ein Bottom-Up-Ansatz bzw. vom Speziellen zum Allgemeinen) verfolgt werden. Die Clusterbildung kann sowohl einzelne als auch mehrere Cluster umfassen. Eine häufig verwendete Darstellungsform des hierarchischen Clusterings ist das Dendrogramm, das die hierarchische Struktur und die Schritte der Clusteraufteilung und -Vereinigung grafisch veranschaulicht. Eine Besonderheit des Verfahren ist die Unabhängigkeit von einer vorab festgelegten Anzahl an Clustern, wie sie beispielsweise bei

K-Means erforderlich ist. Dadurch wird eine größere Flexibilität bei der Clusterbildung angeboten. Trotz dieser Vorteile weist das hierarchische Clustering auch Einschränkungen auf. Im Gegensatz zu iterativen Methoden wie K-Means ermöglicht es keine nachträgliche Anpassung der Clusterzuweisungen. Sobald Cluster gebildet oder zusammengeführt wurden, bleiben diese unverändert. Das Verfahren unterteilt sich in, agglomeratives und divisives Clustering.

Agglomeratives Clustering wird durch sukzessives Zusammenführung der Cluster gebildet, divisives Clustering arbeitet durch schrittweise Aufteilung von Clustern (Sharma & Batra, 2019). Im Jahr 1963 entwickelte Ward eine Methode, die im Kontext des hierarchischen Clusterings dazu dient, den Informationsverlust in den Daten zu minimieren. Diese Methode berücksichtigt insbesondere die Verschmelzung von zwei Clustern, wobei angestrebt wird, den Verlust an Informationen möglichst gering zu halten. Die Umsetzung liegt in der Analyse der Varianz. Dabei wird die Abweichung jedes Datenpunkts vom Mittelwert seines jeweiligen Clusters berechnet. Diese Abweichung, auch als Sum of Squares (Summe der Quadrate) bezeichnet, dient als Maß für die Streuung innerhalb eines Clusters. Zwei Cluster werden bevorzugt zusammengeführt, wenn ihre Zusammenlegung eine minimale Zunahme der Varianz bewirkt. Durch diesen Ansatz werden Cluster gebildet, die eine möglichst homogene Struktur aufweisen (Sharma & Batra, 2019).

2.2.2 Neuronale Netze

Neuronale Netzwerke sind seit einiger Zeit ein fester Bestandteil moderner Technologien in der Welt von Big Data und der Datenverarbeitung. Sie dienen der Simulation der Informationsverarbeitung im menschlichen Gehirn, welches durch verschiedene Verbindungstypen komplexe Netzwerke bereitstellt. Neuronale Netze zeichnen sich durch vier zentrale Eigenschaften aus: Nichtlinearität, Nichtbegrenztheit, Nichtqualitativität und Nichtkonvexität. Ein neuronales Netzwerk setzt sich aus Knoten zusammen, die spezifische Aufgaben übernehmen, welche als Aktivierungsfunktionen bezeichnet werden. Die Knoten sind über Verbindungen miteinander verknüpft, die den Informationsfluss ermöglichen und das Gedächtnis des Netzwerks formen. Die Ausgabe eines Netzwerks hängt vom zugrunde liegenden Berechnungsmodell ab. Jeder Knoten, auch als Neuron bezeichnet, repräsentiert Objekte wie Merkmale, Buchstaben, Konzepte oder abstrakte Muster (Wu & Feng, 2018). Die grundlegenden Bestandteile eines neuronalen Netzwerks sind Eingabeeinheiten, Ausgabeeinheiten und versteckte

Einheiten. Die Eingabeeinheiten nehmen Daten aus vordefinierten Quellen auf, während die Ausgabeeinheiten die Ergebnisse des Netzwerks darstellen.

Die versteckten Einheiten befinden sich zwischen den Eingabe- und Ausgabeeinheiten und übernehmen die interne Verarbeitung der Daten. Diese Netzwerke sind nicht immer explizit programmierbar, sondern adaptiv und passen sich spezifischen Aufgaben an. Ihre Funktionsweise ähnelt der parallelen Verarbeitung in verteilten Informationssystemen. In der Praxis haben neuronale Netzwerke mittlerweile ein hohes Maß an Intelligenz erreicht und finden breite Anwendung in verschiedensten Bereichen. Einige Aufgaben lassen sich durch ein neuronales Netz erledigen, wie z. B. die Mustererkennung, intelligente Robotik, automatische Steuerung, Vorhersage und Schätzung, Biologie, Medizin, Wirtschaft und weitere (Wu & Feng, 2018).

2.3 Explorative Techniken: Jaccard-Index

Der Jaccard-Index stellt ein Verfahren zur quantitativen Bestimmung der Ähnlichkeit zwischen mindestens zwei Mengen, S und T, dar. Eine Menge von Mustern wird dabei als eine Sammlung von Elementen interpretiert, deren Ähnlichkeit mithilfe des Jaccard-Indexes zwischen zwei Mustermengen gemessen wird.

Der gesamte Analyseprozess lässt sich in fünf Schritte unterteilen. Zunächst werden zwei oder mehrere Mengen definiert, die im Hinblick auf ihre Muster verglichen werden sollen. Im zweiten Schritt erfolgt die Überprüfung, ob Muster oder Ähnlichkeiten aus der ersten Menge in den anderen Mengen wiederzufinden sind. Aus diesen Vergleichen werden Paare gebildet, die die Schnittmengen der verglichenen Mengen repräsentieren. Nicht gepaarte Elemente werden im vierten Schritt erfasst und gezählt. Abschließend wird der Jaccard-Index berechnet, indem die Anzahl der gepaarten Elemente mit festgestellter Ähnlichkeit durch die Gesamtzahl der einzigartigen Muster in allen betrachteten Mengen geteilt wird. Mathematisch ausgedrückt lautet die Berechnung des Indexes: die Anzahl der gemeinsamen Muster der Mustermengen, dividiert durch die Anzahl der einzigartigen Muster über alle Mengen hinweg (Fletcher & Islam, 2018). In einer Studie aus dem Jahr 2015 wurde der Jaccard-Index verwendet, um die Ähnlichkeit zwischen Individuen zu quantifizieren. Dabei wurden Daten aus dem 1000-Genomes-Projekt analysiert. Das Ziel der Untersuchung war die Identifizierung von Populationsstrukturen anhand hochdichter Daten über den Genotypen. Der Ansatz beruht auf der Analyse des gleichzeitigen Vorkommens seltener genetischer Varianten bei den Individuen(Prokopenko et al., 2016).

2.4 Evaluierungsmechanismen

2.4.1 Jaccard-Matrix

In einer Studie zur Analyse von Identitäten in zwei verschiedenen Populationen wurde die Jaccard-Matrix eingesetzt. Diese beschreibt den Ähnlichkeitskoeffizienten und weist einen Wert von eins zwischen den Zeilen und Spalten zu, wenn eine Ähnlichkeit zwischen den Individuen besteht. Die Formel der Matrix stellt die Beziehung zwischen der Anzahl der gemeinsamen Marker aij und der Summe der Werte aij, bij und cij dar (Prokopenko et al., 2016) (Tabelle 2.1).

$$\mathrm{Jac}_{ij} = \frac{a_{ij}}{a_{ij} + b_{ij} + c_{ij}}$$

Formel 2.1 Jaccard-Matrix vgl. (Prokopenko et al., 2016)

Tabelle 2.1 Formelerklärung der Jaccard-Matrix vgl. (Prokopenko et al., 2016)

Variable	Bedeutung
aij	Anzahl der Marker, die von beiden Individuen i und j geteilt werden (gik = 1 und gjk = 1)
bij	Anzahl der Marker, bei denen gik = 1 und gjk = 0
cij	Anzahl der Marker, bei denen gik = 0 und gjk = 1
Wobei gik und gjk repräsentieren den Genotyp der Individuen i und j für den Marker k	

2.4.2 Korrelationsmatrix

Die Korrelationsmatrix dient als zentrales Werkzeug zur Analyse von Beziehungen zwischen Elementen innerhalb eines Datensatzes. Sie ermöglicht die Identifikation signifikanter Muster und die Unterscheidung zwischen systematischen Beziehungen und Rauschen. Ihr Einsatz findet Anwendung insbesondere in der Analyse multivariater Daten, beispielsweise in den Bereichen Finanzen, Physik und Genetik. Als empirischer Ansatz erlaubt sie umfangreiche Berechnungen, wobei Messrauschen auftreten kann. Eine positive Korrelation zeigt eine starke

Beziehung zwischen Daten an, während eine geringe oder negative Korrelation auf eine schwache oder fehlende Beziehung hinweist (Burda et al., 2004).

2.4.3 Silhouette-Koeffizient

Der Silhouetten-Koeffizient ist ein Maß zur Validierung von Clustering-Verfahren, das berechnet, ob die Anzahl der Cluster innerhalb eines optimalen Bereichs liegt. Dieser Koeffizient stellt eine Lösung für die Bestimmung der Clusteranzahl dar, insbesondere bei Algorithmen wie K-Means, bei denen das Ergebnis je nach Ähnlichkeitsmessung und Startwerten variieren kann. Obwohl hierarchisches Clustering ebenfalls zur Bestimmung der Clusteranzahl verwendet werden kann, ist es aber ressourcenintensiv. Daher wird der Silhouetten-Koeffizient bevorzugt, da er eine effiziente Bestimmung der Clusterqualität ermöglicht (Shahapure & Nicholas, 2020). Die Silhouetten-Koeffizient-Funktion von Scikit-learn bezieht den mittleren Silhouetten-Koeffizienten aller Stichproben, wobei der Silhouetten-Koeffizient einer Probe den internen Clusterabstand a und den durchschnittlich nächsten Clusterabstand b in der Berechnung zusammenführt. Wenn der Koeffizient gleich eins ist, bedeutet das eine klare Clusterzugehörigkeit. Wenn der Koeffizient gleich null ist, gehört der Punkt gegebenenfalls zu einem anderen Cluster. Die Literatur definiert eine gute Clusterqualität ab einem Koeffizient-Wert in höhe von 0.50 (Shahapure & Nicholas, 2020).

2.4.4 Networkx

NetworkX ist eine Open-Source-Bibliothek für die Analyse und Modellierung von Netzwerken (Graphen). Sie wurde entwickelt, um als eine flexible, gut dokumentierte und benutzerfreundliche Plattform genutzt werden zu können, die sowohl für Forschungs- als auch für Bildungszwecke geeignet ist. Mit NetworkX können einfache, gerichtete, sowie Graphen mit Schleifen und parallelen Kanten modelliert werden. Es unterstützt benutzerdefinierte Objekte als Knoten und Kanten und bietet Funktionen zur Analyse von Netzwerkstrukturen, wie Gradverteilungen, Clusterkoeffizienten, kürzesten Wegen und Community-Erkennung. NetworkX lässt sich nahtlos mit optionalen Python-Bibliotheken wie NumPy, SciPy und Matplotlib kombinieren, die automatisch integriert werden. Die grundlegende Struktur von Netzwerken wird durch die Graph-Klasse definiert, welche die Netzwerkinformationen speichert. Dabei können Knoten intuitiv und flexibel hinzugefügt werden, wodurch die Modellierung und Analyse komplexer Netzwerke erleichtert wird.

Es können zusätzliche Knoten aus Python-Objekten hinzugefügt werden. Dabei wird ein Tupel (u, v, d) erstellt, wo (d) immer eine eins ist. Wobei (u) und (v) die Knoten sind und (d) die Kante bzw. die dazugehörigen Daten. In diesem Paket werden zwei Arten von Graphen zur Verfügung gestellt. Gerichtete, wo die Kante (u → v) gemerkt wird. Die Vorwärts- und Rückwärtskanten werden in getrennten Nachfolger- und Vorgänger-Dictionaries verfolgt. Bei den ungerichteten werden beide Kantenrichtungen von A nach B und andersrum gespeichert, was das Testen auf eine vorhandene Kante mit einem einzigen Lookup ermöglicht (Hagberg et al., 2008).

2.4.5 Boxplot

Ein Boxplot ist ein Instrument der explorativen Datenanalyse, das entwickelt wurde, um Ausreißer in großen Datensätzen zu identifizieren. Innerhalb eines Boxplots werden Quartile dargestellt, wobei das erste Quartil (Q1) und das dritte Quartil (Q3) den Bereich markieren, in dem die Mehrheit der Datenpunkte liegt. Zudem wird der Median berechnet, der als zentraler Wert des Datenbereichs typischerweise nah an den meisten Datenpunkten innerhalb des Boxplots liegt. Auf Basis der Quartile können Intervalle definiert werden, um die Daten weiter zu analysieren. Die Effektivität der Boxplot-Methode hängt dabei maßgeblich von der gewählten Resistenzregel sowie den spezifischen Eigenschaften des zugrunde liegenden Datensatzes ab (Kendrick, 1989).

2.5 Stand der Forschung

Der Stand der Forschung ist durch sämtliche Studien und Projekte belegbar. Eine Studie von Michaela Unger und Jakob Nikolas Kather beleuchtet die Rolle von künstlicher Intelligenz (KI) und insbesondere von Deep Learning (DL) in der Genetik. In dieser Untersuchung wird aufgezeigt, wie Patientenbilder manuell bearbeitet werden, während genetische Daten durch DL-Modelle analysiert werden, um neue Erkenntnisse zu gewinnen und diagnostische Prozesse zu verbessern. So wurde die Krebserkennung in vier Schritte berechnet. Diese sind die

Erkennung vom Krebs, Berechnung der Überlebenswahrscheinlichkeit, der Vergleich der Erkrankungen mit Veränderungen in den DNA-Daten auf Mutationen mittels DL, die Hinweise auf die Krankheit haben.

Der letzte Schritt zeigt, wie die Patienten auf die Behandlungen reagieren (Unger & Kather, 2024).

In einer weiteren Studie wird Machine Learning verwendet, um die Populationsgenetik zu analysieren und Aufgaben wie die Variantenbestimmung sowie die Charakterisierung und Lokalisierung von Signaturen natürlicher Selektion durchzuführen. In der Studie wird darauf hingewiesen, dass DL mit einem überwachten Lernen für molekulare Medizin geeignet ist (Korfmann et al., 2023). In der Vergangenheit wurden weitere zahlreiche Projekte und Ansätze entwickelt, um die Verarbeitung solcher Daten zu optimieren. Zu diesen Ansätzen gehört die Nutzung von Business-Intelligenz (BI)-Plattformen wie der RD-Connect Genome-Phenome Analysis Plattform (GPAP). Im Rahmen dieser Plattform wurden Muster identifiziert, die aus der Integration von Genom- und Phänotyp-Daten extrahiert werden können. Ziel dieser Analysen war es, genetische Ursachen für Krankheiten zu identifizieren, die durch spezifische Konstellationen in den untersuchten Datensätzen bedingt sind. Solche Ansätze leisten einen wesentlichen Beitrag zur Aufklärung seltener Erkrankungen und zur Etablierung innovativer Ansätze in der genetischen Diagnostik (Matalonga et al., 2021).

Die Studie Artificial Intelligence (AI) Healthcare Technology Innovations aus dem Jahr 2021 präsentiert einen weiteren Anwendungsfall für den Einsatz von KI in der Medizin. Sie beleuchtet verschiedene KI-Einsatzmöglichkeiten im Gesundheitswesen, mit einem besonderen Fokus auf die genetische Forschung. Ein zentrales Thema der Studie ist die Analyse sequenzieller DNA-Daten mithilfe neuronaler Netze. Die Anwendung solcher KI-gestützten Methoden unterstreicht das transformative Potenzial der KI in der modernen Medizin, insbesondere in der Genomforschung (Apell & Eriksson, 2023).

Diese Arbeit basiert auf der Annahme, dass KI-gestützte und explorative Methoden in der Lage sind, Muster in genetischen Daten zu identifizieren, die mit bestimmten Erkrankungen und Mutationen assoziiert sind. Es wird angenommen, dass die Kombination aus qualitativen und quantitativen Ansätzen eine umfassendere Bewertung der Ergebnisse ermöglicht.

Analyse 3

3.1 Forschungsdesign

In der Einleitung wurde ein praktisches Problem dargestellt, das den Ausgangspunkt dieser Arbeit bildet. Um eine Lösung für dieses Problem zu finden, wurden verschiedene Maßnahmen und methodische Ansätze entwickelt, die zugleich darauf abzielen, die Forschungsfrage zu beantworten. Wie bereits im Titel angedeutet, konzentriert sich diese Arbeit auf die Analyse von DNA-Daten innerhalb einer Familie. Um die Komplexität der Analyse überschaubar zu halten, wurde entschieden, die Forschung auf eine Familie mit insgesamt acht Personen zu beschränken. Dies ermöglicht eine fokussierte Untersuchung und erleichtert die Handhabung der Daten. Die dafür benötigten Daten lagen zu Beginn der Arbeit weder vor noch waren sie verfügbar, sodass diese im Rahmen der Studie erhoben und ausgewertet werden mussten. Die Arbeit folgt dem Ansatz einer Fallstudie nach Robert K. Yin, in der die notwendigen Schritte systematisch durchgeführt werden, um schließlich zu einem belastbaren Ergebnis zu gelangen.

3.1.1 Fallstudie

Eine Fallstudie stellt eine detaillierte Untersuchung eines einzigartigen oder interessanten Phänomens dar, das in seinem realen Kontext analysiert wird. Yin (2013)

Ergänzende Information Die elektronische Version dieses Kapitels enthält Zusatzmaterial, auf das über folgenden Link zugegriffen werden kann https://doi.org/10.1007/978-3-658-50427-4_3.

G. Rabat, *Genetische Daten innerhalb einer Familie*,
https://doi.org/10.1007/978-3-658-50427-4_3

definiert die Fallstudienmethode als eine explorative Erhebung eines Phänomens in seiner tatsächlichen Umgebung. Wilson (2003) ergänzt diese Definition, indem er die Ziele einer Fallstudie als Verstehen, Beschreiben, Kontrollieren oder Vorhersagen eines spezifischen Untersuchungsgegenstandes darlegt.

Robert K. Yin hat in seinem Buch Case Study Research die Benutzung von Fallstudien beschrieben. Dabei hat er erwähnt, dass Fallstudien grundsätzlich für explorative Methoden angewendet werden, die unbestätigte Ergebnisse produzieren. Außerdem wurde es diskutiert, ob Fallstudien mit deren Stereotyp nur explorativ sein könnten. Hierfür wurde bestätigt, dass das Stereotyp falsch ist und dass Fallstudien auch über das explorative hinausgehen (Yin, n.d.).

Hierzu bleibt die Natur des Untersuchungsgegenstandes vielseitig und flexibel. Es könnten Personen, Gegenstände oder andere Objekte analysiert werden. Yin (2013) empfiehlt sechs zentrale Informationsquellen für die Durchführung einer fundierten Fallstudie wie die Dokumentation, archivierten Aufzeichnungen, Interviews, direkten Beobachtungen, teilnehmenden Beobachtungen und physische Artefakte. Diese Datenquellen können entweder als bereits existierende, bekannte Informationen oder als eigens für die Studie generierte Daten bestehen. Im Rahmen des Fallstudienprozesses erfolgt eine kritische Analyse der gesammelten Informationen, wobei diese systematisch mit bestehenden Theorien, Literaturen und relevanten Dokumentationen abgeglichen werden. Was Fallstudien besonders auszeichnet, ist ihre methodische Vielfalt und die Integration unterschiedlicher Datenquellen, die eine tiefgehende und differenzierte Betrachtung des Untersuchungsgegenstandes ermöglichen. Diese Herangehensweise trägt wesentlich dazu bei, fundierte und validierte Ergebnisse zu erzielen, die über einzelne Datenquellen hinausgehen (Tasci et al., 2020).

Die Fallstudienmethode bietet den Vorteil, allgemeine Aussagen über komplexe Phänomene formulieren zu können. Ihre Stärke liegt insbesondere in der Theorieentwicklung, da sie sowohl induktive als auch deduktive Forschungsansätze integriert. Durch die systematische Herangehensweise und den kreativen Umgang mit Daten können objektive Ergebnisse erzielt werden (Tasci et al., 2020). Diese Forschungsarbeit wird als Fallstudie konzipiert, da sie verschiedene Phänomene wie Krankheiten und genetische Veranlagungen untersucht und diese mit akademischen sowie wissenschaftlichen Datenquellen abgleicht, die im Rahmen der Forschung in der GWAS-Datenbank getätigt wurden. Ziel der

Untersuchung ist es, Erkrankungsmuster innerhalb der untersuchten Familie zu identifizieren und Verwandtschaftsgrade zu bestimmen. Yin unterscheidet Fallstudien zwischen Einzeln- und Vergleichsfallstudien. Die Einzelne konzentriert sich auf den Einzelfall, in dem ein Phänomen aufgetreten ist. Im Gegensatz werden mehrere Phänomene/ Fälle miteinander verglichen und bestätigen sich gegenseitig (S. Albers, 2009).

In dieser Arbeit wird eine Vergleichsfallstudie durchgeführt. Sie wird einen qualitativen oder quantitativen Forschungssatz haben.

Qualitative Forschung in Fallstudien dient dazu, ein tiefes Verständnis komplexer Phänomene bei begrenztem Wissen zu entwickeln. Sie untersucht gezielt ausgewählte Einzelfälle, beschreibt deren Merkmale ausführlich und leitet daraus Hypothesen/Forschungsfragen mit allgemeinerer Gültigkeit ab. Diese Methodik kann entweder theoriebasiert oder theoriefrei zur Theorieentwicklung angewendet werden (S.Albers, 2009). Nach Yin folgt die Fallstudienforschung einem linearen Prozess, der in sechs zentrale Schritte unterteilt ist, wie die Planung, das Design, die Vorbereitung, die Datenerhebung, die Analyse und die Berichterstattung. Diese Schritte bieten eine strukturierte Grundlage, um die Kontrolle über die untersuchten Ereignisse sicherzustellen (Hollweck, 2015). Im ersten Schritt, die Planung, wird die Fallstudienmethode im Vergleich zu anderen Forschungsansätzen analysiert. Der zweite Schritt umfasst die Festlegung des Studiendesigns, wobei entschieden wird, ob einzelne oder mehrere Fälle untersucht werden sollen. Im dritten Schritt erfolgt die Vorbereitung der Studie. Hierbei werden die notwendigen Datenquellen, Maßnahmen und Forschungsmethoden identifiziert, die zur Beantwortung der Forschungsfrage erforderlich sind. Die Datenerhebung bildet den vierten Schritt. Im fünften Schritt wird die Analysemethode bestimmt, wobei der Fokus auf die Auswertung und Verknüpfung der gesammelten Daten liegt. Abschließend werden im sechsten Schritt die Ergebnisse der Fallstudie präsentiert und umfasst die Berichterstattung, bei der die Ergebnisse strukturiert und zielgruppengerecht aufbereitet werden (Yin, 2009).

Zu den oberen Schritten wird ein Vergleich zwischen der Fallstudie nach Yin und Design Science Research (DSR) erstellt. Dabei wurde auf die Richtlinien von DSR von dem Artikel „How software engineering research aligns with design science": a review befolgt (Engström et al., 2020). Daraus wurden Gemeinsamkeiten und Unterschiede in Tabelle zwei zusammengetragen (Tabelle 3.1).

Tabelle 3.1 Gemeinsamkeiten und Unterschiede DSR und Fallstudie nach Yin

Gemeinsamkeiten	
Praxisorientierung	Beide Ansätze zielen darauf ab, reale Probleme zu adressieren. Während DSR darauf abzielt, allgemeines Wissen für die Gestaltung von Lösungen in spezifischen Kontexten zu entwickeln, verwendet die Fallstudienforschung strukturierte Schritte, um Wie- und Warum-Fragen zu beantworten und tiefere Einblicke in spezifische Ereignisse zu gewinnen.
Strukturierte Prozesse	Sowohl DSR als auch die Fallstudienforschung folgen einem klar definierten Prozess. Design Science umfasst Schritte wie Problemkonzeption, Lösungsdesign, Implementierung und Validierung, während Yin einen linearen Prozess beschreibt, der Planung, Design, Vorbereitung, Datenerhebung, Analyse und Berichterstattung beinhaltet.
Einsatz von Methodologien	Beide Ansätze nutzen mehrere Methoden und Datenquellen, um die Qualität und Validität der Forschung zu sichern. Yin betont die Verwendung von Dokumentationen, Interviews und Beobachtungen, während Design Science die Bedeutung von der Validierung des Kontexts und heuristischen Ansätzen hervorhebt.
Unterschiede	
Zielsetzung	DSR konzentriert sich auf die Entwicklung von Designwissen in Form von technologischen Regeln, die Verbindungen zwischen Problemen und Lösungen aufzeigen. Yin hingegen zielt darauf ab, spezifische Fallstudien zu analysieren, um tiefere Einblicke in komplexe Phänomene zu gewinnen, ohne zwangsläufig allgemeingültige Regeln zu formulieren.
Wissenschaftliche Grundlage	DSR hebt die holistische und heuristische Natur des Designwissens hervor, das nie vollständig verstanden werden kann, da verborgene Kontextfaktoren immer eine Rolle spielen. Die Fallstudienforschung ist stärker auf eine strenge Planung und methodische Durchführung ausgerichtet, um spezifische Forschungsfragen zu beantworten
Validierung und Generalisierbarkeit	DSR betont die Validierung von Lösungen im Kontext und die inkrementelle Verbesserung des Wissens durch die Evaluierung mehrerer Problem-Lösungs-Paare. Fallstudienforschung nach Yin legt dagegen den Fokus auf die detaillierte Analyse einzelner oder mehrerer Fälle, um eine tiefgehende Untersuchung zu ermöglichen, auch wenn diese weniger generalisierbar sind.

Tabelle zwei zeigt, dass ein Fallstudienansatz für die vorliegende Arbeit aufgrund ihrer spezifischen Zielsetzungen und methodischen Ausrichtung besser geeignet ist. Während DSR auf die Entwicklung generalisierbarer Designregeln abzielt, fokussiert sich die Fallstudie auf das Erlangen tieferer Einblicke in spezifische Phänomene.

In dieser Arbeit stehen Krankheiten und genetische Merkmale als untersuchte Phänomene im Vordergrund, die durch detaillierte Analysen und Betrachtungen beleuchtet werden sollen. Dies spricht für die Eignung der Fallstudienmethodik. Auch die wissenschaftliche Grundlage der Arbeit unterstreicht die Relevanz der Fallstudie. Da medizinische und genetische Erkenntnisse eine wesentliche Rolle in der Entwicklung dieser Untersuchung spielen, erfordert die strikte Einhaltung wissenschaftlicher Standards eine methodisch fundierte Vorgehensweise, wie eine Fallstudie sie anbietet.

Ein weiteres Argument ist die Validierung und Generalisierbarkeit. Die Untersuchung basiert auf der Beobachtung genetischer Daten von acht Individuen, deren Interaktionen und Gegeneffekte im Rahmen der DNA-Untersuchung analysiert werden. Diese Beobachtungen bilden eine Grundlage für die Generierung von neuem Wissen und ermöglichen eine effizientere Erkenntnisgewinnung über genetische Strukturen, was die Stärke der Fallstudie als Forschungsansatz weiter unterstreicht.

Dieses Kapitel konzentriert sich ebenfalls auf die Beschreibung des Methoden- und Studiendesigns, wobei vor allem qualitative Ansätze größtenteils zum Einsatz kommen, ergänzt durch einen kleineren Anteil quantitativer Forschung in Form einer Evaluierungsumfrage. Qualitative Forschungsmethoden tragen maßgeblich zur Gesundheitsforschung bei, indem sie tiefgehende Einblicke in komplexe Phänomene ermöglichen und unerwartete Ereignisse aus der Perspektive unterschiedlicher Akteure analysieren. Sie unterstützen die Hypothesen- und Forschungsfragenentwicklung und liefern Erklärungsansätze für beobachtete Zusammenhänge. Hochwertige qualitative Forschung zeichnet sich durch methodische Strenge, Systematik und Bemühungen zur Minimierung von Verzerrungen aus (Sofaer, 1999). Der qualitative Ansatz wird durch eine quantitative Befragung ergänzt, um die Ergebnisse des KI-Modells bzw. des neuronalen Netzes und dessen Regelwerks zu validieren. Evaluationsforschung wird üblicherweise eingesetzt, um Entscheidungsprozesse zu analysieren und zu validieren (Boelmann, 2018).

Eine Evaluationsforschung verwendet wissenschaftliche Methoden zur systematischen Untersuchung und Bewertung von Prozessen, Programmen oder Maßnahmen. Durch den Einsatz quantitativer und qualitativer Methoden werden fundierte Beurteilungen über die Leistung und den Nutzen von Maßnahmen ermöglicht. Die Evaluationsforschung verfolgt vier zentrale Ansätze. Diese sind ergebnisorientiert, systematisch, theorieorientiert und vom Akteur abhängig. Der ergebnisorientierte Ansatz konzentriert sich auf die Bewertung der Effizienz und der tatsächlichen Auswirkungen einer Maßnahme. Dabei wird die Wirksamkeit anhand von messbaren Resultaten überprüft (Boelmann, 2018). Der ergebnisorientierte Ansatz wird in der ausgeführten Studie für die Evaluierung von KI-Modellen angewendet, deswegen wird es nicht auf weitere Evaluierungsansätze angegangen.

Die Kombination qualitativer und quantitativer Forschung wird als Mixed-Methods-Ansatz bezeichnet, bei dem in der quantitativen Phase spezifische Aspekte mittels Fragebögen erfasst werden. Bei der Verwendung von Fragebögen kann die Verzerrung der Antworten variieren, was die Zuverlässigkeit der erhobenen Daten beeinträchtigen kann. Diese Unsicherheiten kann zu einer geringeren Validität der Ergebnisse führen. Die Planung einer empirischen Erhebung umfasst mehrere entscheidende Schritte, wie die Festlegung der Erhebungsstichprobe, des Erhebungsorts, des Erhebungszeitraums, des Erhebungsinstruments sowie der Auswertungsinstrumente. Dabei ist es erforderlich, zentrale Begriffe wie Grundgesamtheit, Stichprobe und Skalenniveau zu definieren. Die Grundgesamtheit bezieht sich auf die Gesamtheit der Objekte, über die Aussagen getroffen werden sollen, während die Stichprobe eine repräsentative Untergruppe der Befragten darstellt. Das Skalenniveau beschreibt die Kategorisierung der erhobenen Ergebnisse. Für die Weiterverarbeitung der erhobenen Daten werden die Ergebnisse in numerische Form umgewandelt (Boelmann, 2018).

3.1.2 Lösungsansatz

Nach der Definition der angewandten Forschungsmethoden wird nun der Lösungsansatz bzw. die Vorgehensweise der Arbeit erläutert, der/die darauf abzielt, die Forschungsfrage zu beantworten.

Zu diesem Zweck wurde eine spezifische Methodik ausgewählt, die alle notwendigen Schritte und Techniken umfasst, welche die Grundlage für die Analyse und Interpretation der erhobenen Daten liefern.

Der Prozess begann mit der Identifikation des zugrunde liegenden Problems. Darauf folgte die Bildung der Forschungsfrage. Im Anschluss wurden die relevanten Probanden ausgewählt, an denen ein praxisorientiertes Experiment (DNA-Tests) durchgeführt wird. Die DNA-Tests haben Kosten verursacht. Für die Tests bei dem Anbieter AncestryDNA:

5 x 86 € = 430 € + 40 € (Versandkosten) = 470 € + 15 € (Rücksendungskosten) = 485 €.

Im Gegensatz dazu verlaufen sich die Kosten bei Myheritage auf:

2 x 36 € + 2 x 37 € = 146 € (ohne Versandkosten) + (ohne Rückgabekosten)

Insgesamt entstanden Testkosten in Höhe von **631 €.**

Um die Ausführungsperformance des Codes zu optimieren, wurden Ressourcen der Google Colab-Plattform (GPU-Typ A100) genutzt. Hierbei fielen Kosten von 50 € pro Sitzung an, was bei Fünf Sitzungen/Monate zu Gesamtkosten von 250 € führte. Unter Einbeziehung aller zuvor entstandenen Kosten ergibt sich ein Gesamtkostenbetrag von 981 €.

Die DNA-Tests wurden bei zwei verschiedenen Anbietern, fünf bei AncestryDNA und vier bei MyHeritage, durchgeführt, wobei eine Person bei beiden Anbietern getestet wurde, deswegen entstanden neun Testdatensätze. Die doppelt getestete Person wurde als Schnittstelle zwischen den Daten beider Anbieter genutzt, um eine umfassendere Datenbasis zu erhalten. Mit der Wahl dieser Anbieter erfolgte, weil sie separate, voneinander unabhängige Datenbanken betreiben. So konnte eine konsistente Analyse der familiären Beziehungen gewährleistet werden. Nach einer Bearbeitungszeit von mindestens vier Wochen wurden die Testergebnisse bereitgestellt. Alle relevanten Richtlinien wurden während des gesamten Experiments strikt beachtet, einschließlich der korrekten Durchführung der Tests, hygienischer Standards und Lagerung und Versand der Proben. Die Daten wurden in den Formaten txt und CSV von der Webseite der jeweiligen Anbieter heruntergeladen und anschließend harmonisiert, wobei die Details dieses Verfahrens in den folgenden Kapiteln beschrieben werden.

Für die Eindeutigkeit wurde folgendes Graph aufgestellt (Abbildung 3.1):

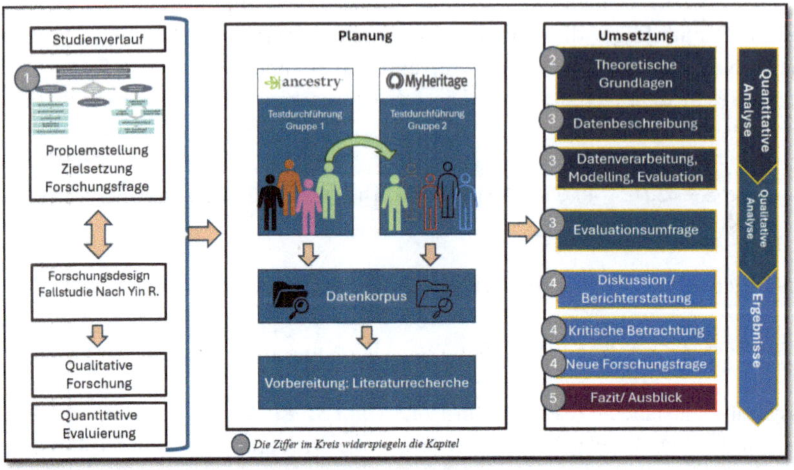

Abbildung 3.1 Übersicht Forschungsdesign-Framework

Die Struktur dieser Studie beginnt mit einer Darstellung der theoretischen Grundlagen, die als fachliche Basis für die Entwicklung eines Lösungsansatzes dienen. Dieser Ansatz wird mithilfe der Programmiersprache Python sowie durch den darunter geführten Einsatz explorativer Werkzeuge und bereitgestellter KI-Modelle umgesetzt. Der Schwerpunkt der Untersuchung liegt darauf das theoretisch erarbeitete Wissen systematisch auf praktische Analysen zu übertragen, um eine fundierte Grundlage für die abschließende Diskussion und Bewertung der Ergebnisse zu schaffen. Der qualitative Forschungsansatz wird durch eine umfangreiche Literaturrecherche realisiert, die die relevanten theoretischen Themen schrittweise erarbeitet. Gemäß den Vorgaben des Leitfadens der FOM umfasst jede wissenschaftliche Arbeit drei zentrale Elemente. In dieser Fallstudie erfüllen das Experiment, die Literaturrecherche und die Analyse gemeinsam diese Anforderungen. Allerdings wurde eine Evaluierungsumfrage als vierter Schritt hinzugefügt. Die gesammelten Testdaten wurden zunächst manuell in einer Excel-Datei mit mehreren Sheets organisiert und anschließend in ein Python-Skript importiert. Nach der erforderlichen Datenaufbereitung erfolgte eine Überprüfung auf mögliche Mutationen, wobei insbesondere die Verteilung der Allele analysiert wurde.

Im weiteren Verlauf wurde der Jaccard-Index eingesetzt, um den Verwandtschaftsgrad darzustellen. Dabei wurden die Testdatensätze einzelner Personen auf Ähnlichkeiten untersucht. Weiterhin wurden die Daten aus der MyHeritage-Datenbank durch Informationen aus der Ancestry-Datenbank ergänzt. Eine Analyse der Geschlechtsverteilung wurde durchgeführt, um den Anteil männlicher und weiblicher Individuen zu bestimmen. Weitere explorative Analysen umfassten die Untersuchung des Verhältnisses der Allele auf den X- und Y-Chromosomen. Der gesamte Datensatz wurde zudem auf Lücken in den Positionen der Chromosomen überprüft, und die Genotyp-Verteilung auf den Chromosomen wurde analysiert. Darüber hinaus wurden die Allelfrequenzen sowie die Beziehungen zwischen Position, Chromosomen und Genotyp untersucht. Zur Anreicherung der Analyse wurden phänotypische Daten aus der GWAS-Datenbank herangezogen und auf Ähnlichkeiten mit dem bestehenden Datensatz geprüft. Dabei wurden übereinstimmende Chromosomen und Positionen identifiziert. Dies führte zu einer explorativen Darstellung der Verteilung in Krankheiten und Merkmale im gesamten Datensatz. Ergänzend wurde eine weitere Datenbank SNPedia mit phänotypischen Datensätzen abgefragt, wobei ebenfalls Übereinstimmungen festgestellt wurden. Die Daten wurden aus der genannten Datenbank ebenfalls manuell abgefragt. Dabei wurden Tabellen mit max. 1000 Einträgen generiert.

Dieser Vorgang wurde 38 Male wiederholt. Dafür wurden 38 Dateien in eine zusammengelegt. Zudem wurden Korrelationen zwischen den Variablen des Datensatzes untersucht und die 20 häufigsten Krankheiten wurden in einem Häufigkeitsdiagramm visualisiert. Nach Abschluss der explorativen Analysen wurden verschiedene Clustering-Algorithmen wie K-Means und DBSCAN getestet, um optimale Parameter anhand des Silhouette-Koeffizienten zu bestimmen. Im Anschluss daran wurden zusätzliche Daten aus dem Chromosomen-Browser von MyHeritage manuell abgefragt und in den Datensatz integriert. Aufgrund der Beschränkung auf maximal sechs Personen pro Anfrage wurde dieser Prozess 104 Mal online wiederholt, was zu insgesamt 2916 Dateneinträgen führte. Diese Abfragen lieferten Informationen zu den Überschneidungen der Chromosomen der jeweiligen Individuen und erweiterten die Basis für die anschließende Analyse.

Der Datensatz wurde unter Anwendung eines Regelwerks verarbeitet, das die Forschungsergebnisse der Studie „The Shared cM Project" berücksichtigt. Der aufbereitete Datensatz diente als Trainingsgrundlage für ein neuronales Netzwerk. Das trainierte Modell wurde auf 43 manuell generierte Datensätze angewendet, um den Verwandtschaftsgrad der untersuchten Individuen vorherzusagen. Die Ergebnisse des Regelwerks wurden mit den Vorhersagen des neuronalen Netzwerks kombiniert und explorativ mithilfe des Python-Moduls NetworkX visualisiert. Da dieses Python-Paket keine eindeutigen Beziehungen aufzeigte, wurden weitere Anpassungen getroffen sowie eine weitere Methode verwendet. Basierend auf dem resultierenden Datensatz wurde ein hierarchisches Clustering durchgeführt, um die Beziehungen zwischen den getesteten Personen darzustellen. Nach der Bestimmung der Verwandtschaftsgrade wurden die zuvor eingebundenen phänotypischen Datenbanken erneut analysiert, wobei der Fokus auf der Prüfung von Krankheiten in Verbindung mit expliziten Verwandtschaftsbeziehungen lag.

Die im Rahmen der Umsetzung mit Python erzielten Ergebnisse stellen die zentralen Resultate dieser Arbeit dar. Diese werden in einer anschließenden Diskussion kritisch reflektiert, validiert und zur Formulierung einer Forschungsfrage herangezogen. Um die Ergebnisse des KI-Modells mit der Realität abzugleichen, erfolgt eine Befragung der getesteten Personen, bei dem der reale Verwandtschaftsstatus erhoben wird. Für die strukturierte Bearbeitung und Analyse der Daten wurde das CRISP-DM-Modell als methodischer Rahmen verwendet. Dies bietet einen etablierten, systematischen Ansatz für den Data-Mining-Prozess und ist aufgrund seines generischen Charakters als wiederholbarer Prozess anerkannt. Das CRISP-DM-Modell gliedert sich in mehrere klar definierte Phasen. Zu Beginn steht die Phase des Business-Understanding, in der das zu lösende Problem identifiziert wird. Ziel dieser Phase ist es, das Problem so zu formulieren, dass es durch die Anwendung eines Modells gelöst werden kann. Darauf folgt die Phase des Data-Understanding, in der relevante Datenquellen identifiziert, Daten gesammelt und analysiert werden, um ein grundlegendes Verständnis der Daten zu entwickeln. Die nächste Phase, die Datenvorbereitung, baut darauf auf und transformiert die Rohdaten in ein Format, das für die Modellierung geeignet ist.

Diese Schritte beinhalten das Säubern, Strukturieren und Formatieren der Daten, um eine optimale Verarbeitbarkeit sicherzustellen (Schröer et al., 2021). In diesem Schritt können verschiedene Maßnahmen ergriffen werden, darunter die Kodierung kategorialer Werte in numerische Kategorien (Endkodierung), die Normalisierung zur Skalierung der Daten sowie die Merkmalsauswahl, bei der die relevantesten Variablen für das Modell identifiziert werden (Güney, 2023). Nach der Datenvorbereitung beginnt die Phase der Modellierung, in der ein geeignetes KI-Modell ausgewählt und implementiert wird. Womöglich werden verschiedene Modelle getestet, um dasjenige zu identifizieren, das am besten für die gegebene Problemstellung geeignet ist. Die Leistungsfähigkeit des ausgewählten Modells wird durch geeignete Maßnahmen zur Bewertung der Genauigkeit und Zuverlässigkeit überprüft. In der abschließenden Phase, die Deployment-Phase, wird das Modell in den operativen Betrieb überführt und auf den spezifischen Geschäftskontext angewendet. Damit wird das zu Beginn identifizierte Problem gelöst und die Ergebnisse produktiv genutzt (Schröer et al., 2021). Das in dieser Studie behandelte Problem wurde im Rahmen der Einleitung definiert und ausführlich beschrieben. Somit ist das Business Understanding abgedeckt.

3.2 Data Understanding

Für diese Studie wurden verschiedene Datensätze verwendet, insbesondere DNA-Rohdaten der Anbieter MyHeritage und AncestryDNA. Diese enthalten detaillierte Informationen zu den getesteten Personen und umfassen zentrale Variablen wie Reference SNP ID (rsid), Chromosom, Position und Result. Die Struktur der Daten ist bei beiden Anbietern weitgehend identisch. Es gab jedoch Unterschiede in der Darstellung der Nukleinsäure-Sequenzen. Während MyHeritage die Nukleinsäure-Informationen in einer einzelnen Spalte Result zusammenfasste, wurden diese bei AncestryDNA in zwei getrennten Spalten unter den Bezeichnungen Allele 1 und Allele 2 aufgeführt. Diese Allele repräsentierten die Varianten der Nukleinsäure-Sequenzen (z. B. A, T, G, C) an der jeweiligen Position, die jeweils von der mütterlichen und väterlichen Linie vererbt wurden.

Die Spalte rsid verwies auf die Referenz einer genetischen Variante an einer bestimmten Position, wobei diese Identifikationsnummer in der Short Genetic Variants Database (dbSNP-Datenbank) vergeben wurde. Darüber hinaus lieferte die Spalte Chromosome die Information, auf welchem Chromosom die betroffene Variante lokalisiert war, während die Spalte Position die präzise Position der Variante auf dem Chromosom angab. Im Rahmen der Untersuchung wurden ergänzende Daten aus dem Chromosomen-Browser des Anbieters MyHeritage integriert. Die Integration erfolgte, indem die DNA-Rohdaten von den Testpersonen, die ursprünglich über AncestryDNA analysiert wurden, heruntergeladen und bei MyHeritage hochgeladen wurden als Zusatz zu den bei MyHeritage getesteten Personen. Nach einer Verarbeitungsdauer von 72 Stunden standen die Daten bei MyHeritage zur Verfügung. Der Chromosomen-Browser bot detaillierte Informationen zu genetischen Überschneidungen zwischen den Varianten zweier Individuen auf unterschiedlichen Chromosomen an. Zu den aufgezeichneten Variablen zählen die Namen der getesteten und gemachten Personen, Angaben zu den betroffenen Chromosomen, die Start- und Endposition der Überschneidungen, die rsid's der getesteten und gematchten Varianten sowie die Überschneidungslänge in cM. Zusätzlich umfasste die Spalte SNPs die Anzahl der beobachteten Variationen der Nukleotide innerhalb des Überschneidungsbereichs.

Zur Ergänzung der DNA-bezogenen Daten wurden Gesundheitsdaten aus den Datenbanken GWAS und SNPedia herangezogen. Die Daten aus der GWAS-Datenbank wurden jedoch nicht vollständig in die Analyse einbezogen. Einige spezifische Spalten des GWAS-Datensatzes, wie DISEASE/TRAIT (Krankheit/Merkmal), CHR_ID (Chromosom-ID), CHR_POS (Chromosomen-Position), STRONGEST SNP-RISK ALLELE (Risiko-Allele/Nukleinsäure) und SNPS, wurden mit den zuvor genannten genetischen Variablen vereinigt. Darüber hinaus wurden auch Daten aus der SNPedia-Datenbank verwendet. Hierbei wurden insbesondere Spalten wie Unnamed: 0 berücksichtigt, die Informationen über die rsid oder Variante sowie die zugehörigen Nukleinsäure-Sequenzen enthielten. Die Spalte Summary lieferte eine detaillierte Beschreibung der assoziierten Krankheiten oder Merkmale, die mit den jeweiligen Varianten in Verbindung standen, aber nicht in allen Fällen klare Aussagen lieferten.

Die Nutzung der GWAS-Datenbank bildete einen Abgleich zu bereits zuvor stattgefundenen genetischen wissenschaftlichen Studien ab. Zu den Daten der Krankheiten und Merkmale wurden ebenfalls Daten aus der GWAS-Datenbank entnommen, welche genetische Vererbung der Augenfarbe durch früheren Studien aufzeigten. Die Daten wurden in dieser Forschungsarbeit nur als Basis zur Beantwortung der aus den Ergebnissen abgeleiteten Forschungsfrage angebunden und werden bei Anschlussarbeiten verwendet, um die Augenfarbe in den genetischen Datensatz zu untersuchen.

3.3 Datenvorbereitung, Modelling und Evaluation

Die ersten beiden Schritte des CRISP-DM-Modells, Business Understanding und Data Understanding, wurden bereits erläutert. Dabei wurde das in der Einleitung definierte Problem der Arbeit hervorgehoben sowie die relevanten Datenquellen und die zugehörigen Datensätze detailliert beschrieben und erklärt. Die Datenvorbereitung, das Modelling und die Evaluation werden in diesem Kapitel gemeinsam betrachtet, da die Schritte der Datenverarbeitung in den Code-Abschnitten strukturiert und abhängig voneinander an verschiedenen Stellen implementiert wurden und keine blockartige Trennung hatten. Der zugrunde liegende Code unterliegt einem Sperrvermerk, da an mehreren Stellen personenbezogene Daten verarbeitet, gespeichert und visualisiert wurden.

Im ersten Schritt erfolgte das Hochladen der DNA-Rohdaten. Die Daten der beiden Anbieter wurden in einer Excel-Datei mit insgesamt neun unterschiedlichen Sheets organisiert. Für das Einlesen der Datei wurde die Python-Bibliothek Pandas verwendet, insbesondere das Modul pd. Die Sheets der Excel-Datei wurden in ein Dictionary übertragen, wobei eine For-Schleife zum Einsatz gekommen ist, um die Sheets iterativ auszulesen. Aufgrund der großen Datenmengen hat der Lesevorgang, abhängig vom Abo-Modell bei Google Colab, bis zu zehn Minuten in Anspruch genommen. Nachdem die Daten erfolgreich in das Dictionary Dataframes geladen wurden, wurden sie im zweiten Schritt in separate Dataframes aufgeteilt, die jeweils den getesteten Personen zugeordnet waren. Diese separaten Dataframes dienten der späteren Verarbeitung und Analyse.

Wie bereits im vorherigen Kapitel zur Datenbeschreibung erläutert, enthielt die Spalte Result in den Datensätzen des Anbieters MyHeritage Informationen über die Nukleotidsequenzen der genetischen Varianten. Um eine Harmonisierung mit den Datensätzen des Anbieters AncestryDNA zu ermöglichen, wurde im dritten Schritt die Spalte Result in zwei separate Spalten aufgeteilt, die als Allele 1 und Allele 2 bezeichnet waren. Gleichzeitig wurden die Spaltennamen an die Konventionen des anderen Anbieters angepasst, indem sie in Kleinbuchstaben umgewandelt wurden. Im nächsten Schritt wurde die Analyse der Mutationstypen basierend auf den Allelen allele 1 und allele 2 durchgeführt, wobei die Dataframes der insgesamt acht getesteten Personen zu einem einzigen Datensatz zusammengelegt wurden.

Da eine der getesteten Personen von beiden Anbietern untersucht wurde, wurde der zweite Test dieser Person, um Redundanzen zu vermeiden, aus der Analyse ausgeschlossen. Die Allelen der jeweils getesteten Personen wurden durch die Spalte rsid identifiziert und zeilenweise mit den Allelen der anderen getesteten Personen verglichen und aggregiert, um die einzigartigen Allele zu bestimmen, die zur Klassifikation der Mutationstypen verwendet wurden. Voraussichtlich die Testpersonen waren mit ihrer rsid in den Datensätzen anderer Testpersonen mit derselben oder anderen Kombinationen der Allelen aufgetaucht. Das Ziel dieser Untersuchung war, zu gucken, ob die betrachteten Personen gleiche oder unterschiedliche Allele in den unterschiedlichen Tests besitzt haben. Eine genetische Variante wurde als SNP definiert, wenn über alle getesteten Personen hinweg genau zwei unterschiedliche Allele vorlagen.

War hingegen nur ein Allel vorhanden, wurde die Mutation als Single Allele klassifiziert. Traten bei einer rsid in verschiedenen Datensätzen mehr als zwei unterschiedliche Allele oder Nukleotidsequenzen auf, handelte es sich um eine sogenannte Complex Mutation. Die Ergebnisse dieser Analyse wurden in Form einer Tabelle dargestellt, darunter war die Anzahl der einzigartigen Allele, eine Liste der vorkommenden Allele sowie die Klassifikation des jeweiligen Mutationstyps aufgeführt. Zur Visualisierung der Ergebnisse wurde ein Häufigkeitsdiagramm erstellt. Hierfür kamen die Pakete plt aus der Bibliothek matplotlib.pyplot sowie sns aus der Bibliothek seaborn zum Einsatz. Die folgende Abbildung zeigt die Verteilung der Mutationstypen an (Abbildung 3.2).

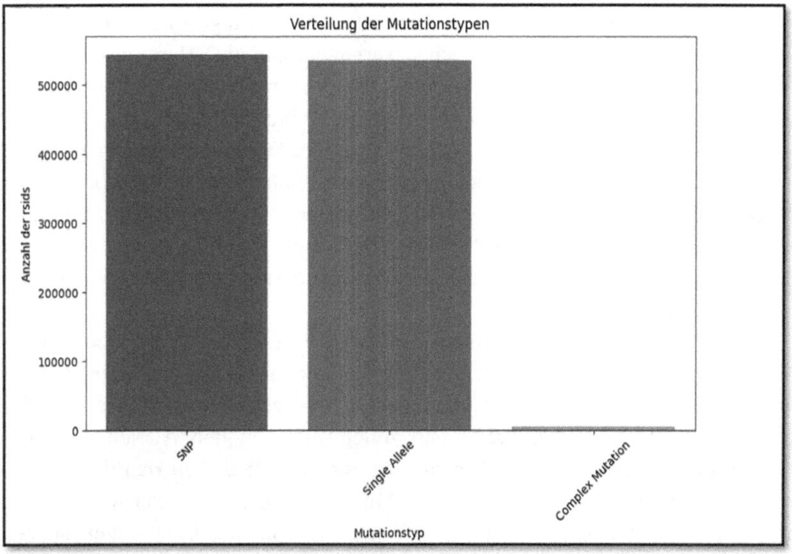

Abbildung 3.2 Verteilungsübersicht der Mutationstypen

Dabei war es zu entnehmen, dass die Anzahl der Mutationstypen SNP und Single Allele ähnlich hoch abgeschnitten haben. Hingegen machte der Typ Complex Mutation mit mehr als zwei Allelen einen sehr kleinen Anteil aus. Im fünften Schritt wurde die Analyse des Verwandtschaftsgrades durch die Berücksichtigung der gemeinsamen Allele der rsid's in zwei Phasen durchgeführt. Zunächst wurden die genetischen Daten der Individuen mittels der Funktion pd.concat zusammengefasst und auf gemeinsame Muster sowie Mutationen hin untersucht. In diesem Kontext erfolgte die Identifikation der einzigartigen Allele und eine Übersicht der Proben wurde in Form einer Liste erstellt. Zu Beginn wurden die Allele in den immutable bzw. nicht veränderbaren Datentyp frozenset umgewandelt und anschließend in einem Dictionary gespeichert. Für den Vergleich der genetischen Varianten wurde eine Liste mit dem Namen mutation_comparisons erstellt, in der die gemeinsamen Allele der jeweiligen rsid aus allen Datensätzen abgelegt wurden. Die Ergebnisse dieser Phase, die auf den Daten des ersten Schrittes basierten, wurden anschließend ausgegeben.

Der zweite Schritt der Verwandtschaftsgradanalyse bestand darin, die gemeinsamen Allele der rsid's zu visualisieren und den Jaccard-Index zwischen den Probanden zu berechnen, wobei das Paket jaccard_score aus der Bibliothek sklearn.metrics zum Einsatz gekommen ist. Um die Ergebnisse des Jaccard-Index zu visualisieren, wurde eine Jaccard-Matrix erzeugt, die ähnlich der Korrelationsmatrix aufgebaut ist. Dabei wurden die Python-Bibliotheken seaborn (sns) und matplotlib.pyplot (plt) angewendet, um eine übersichtliche Darstellung der Verwandtschaftsgrade zwischen den Proben zu erstellen. Der Code erstellte zunächst eine leere Matrix für den Jaccard-Index, in der die Werte für jede Kombination von Proben gespeichert wurden. Diese Matrix wurde als zweidimensionales Array (jaccard_matrix) mit der Größe entsprechend der Anzahl der Proben initialisiert. Im Anschluss wurden in einer verschachtelten Schleife die Paare der Proben durchlaufen.

Für jedes Paar (Sample1 und Sample2) wurde der Jaccard-Index berechnet, wenn es sich nicht um dieselbe Probe handelte (daher die Bedingung if i ! = j). Die Berechnung des Jaccard-Index erfolgte über die Funktion calculate_ jaccard_index, die die Ähnlichkeit zwischen den Allelen der jeweiligen Proben ermittelte und den entsprechenden Wert in der Matrix speicherte. Nachdem die

Jaccard-Matrix vollständig ausgefüllt war, wurde eine Heatmap zur Visualisierung erstellt. Hierfür wurde die Funktion sns.heatmap von seaborn verwendet. Die Matrix wurde als Input übergeben. Mit den Parametern annot = True, xticklabels = samples und yticklabels = samples wurden die Proben auf den Achsenbeschriftungen angezeigt. Die Farbskala der Heatmap wurde mit dem Parameter cmap = 'Blues' auf Blau abgestimmt, um die Visualisierung der Ähnlichkeiten zwischen den Proben hervorzuheben. Schließlich wurde der Titel der Heatmap gesetzt und die Visualisierung mit plt.show() angezeigt. Die resultierende Heatmap stellte die Jaccard-Ähnlichkeit der verschiedenen Proben dar und ermöglichte eine klare visuelle Einschätzung der Verwandtschaftsgrade basierend auf den gemeinsamen Allelen (Abbildung 3.3).

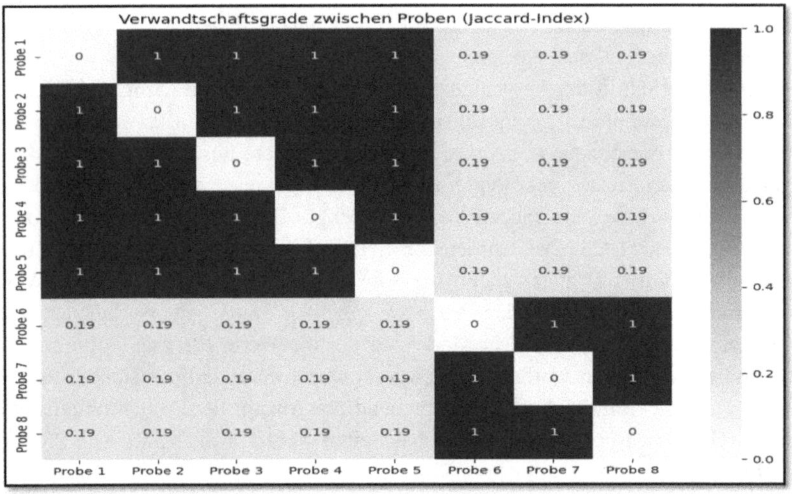

Abbildung 3.3 Verwandtschaftsgrade zwischen Proben (Jaccard-Index)

Der Wert eins bedeutete eine Ähnlichkeit zwischen den Proben. Diese Ähnlichkeit weiste auf eine bestimmte Verwandtschaft hin. Welcher Grad diese hatte, war hier unklar.

Im sechsten Schritt wurden die Daten des Anbieters MyHeritage mittels der Funktion pd.concat zusammengeführt, anschließend von Duplikaten befreit und nach den rsid-Werten sortiert. Der darauffolgende Schritt umfassten die gleiche Vorgehensweise für die Daten des zweiten Anbieters AncestryDNA, wobei diese ebenfalls zusammengeführt, von redundanten Einträgen bereinigt und nach den rsid-Werten geordnet wurden. Nach der Zusammenführung der Datensätze der jeweiligen Anbieter wurden die genetischen Daten des einen Anbieters mit denen des anderen ergänzt. Dies geschah, indem die Einträge aus dem Datensatz des zweiten Anbieters, die nicht im Datensatz des ersten Anbieters enthalten waren, identifiziert worden sind. Anschließend wurden diese gefundenen Einträge aus dem zweiten Datensatz mit den bereits vereinigten Daten des ersten Anbieters kombiniert, wodurch der vollständige Datensatz beider Anbieter entstand. Der Code nutzte hierbei die Funktion pd.concat, um die beiden Dataframes zu einem einzigen zu vereinigen.

Im neunten Schritt wurden Duplikate gelöscht. Insgesamt wurden 1723306 Einträge gefunden, die einmalig vorkamen. Im zehnten Schritt erfolgte die Analyse der Chromosomendaten, indem die Werte in der Spalte chromosome ermittelt wurden. Dies geschah mithilfe der Funktion unique, die alle vorkommenden Chromosomenbezeichner einmalig extrahierte. Anschließend wurden die Chromosomenwerte ausgegeben, um einen Überblick über die verschiedenen Chromosomen zu erhalten, die im gesamten genetischen Datensatz enthalten waren. Der Code verwendete die Pandas-Bibliothek, um die Werte der Spalte chromosome anzuzeigen. Dieser Schritt hat ergeben, dass in der Spalte chromosome Geschlechtschromosomen sowohl X als auch Y vorhanden waren. Laut einschlägiger Literatur weist die Kombination XX auf das weibliche Geschlecht hin, während die Kombination XY auf das männliche Geschlecht hindeutet. Da in der Spalte chromosome nur ein einzelnes Geschlechtschromosom enthalten war, konnte angenommen werden, dass das Vorkommen eines X vermutlich auf ein weibliches Geschlecht hindeutete, während das Vorhandensein eines Y eindeutig auf ein männliches Geschlecht verweist. Für die Analyse über die Geschlechtsverteilung wurde im elften Schritt ein Dataframe mit ausschließlich Chromosomenwerte X und Y erstellt. Folgendes Diagramm zeigte die Anzahl der ggf. gefundenen Frauen und die absolute Anzahl der Männer an (Abbildung 3.4).

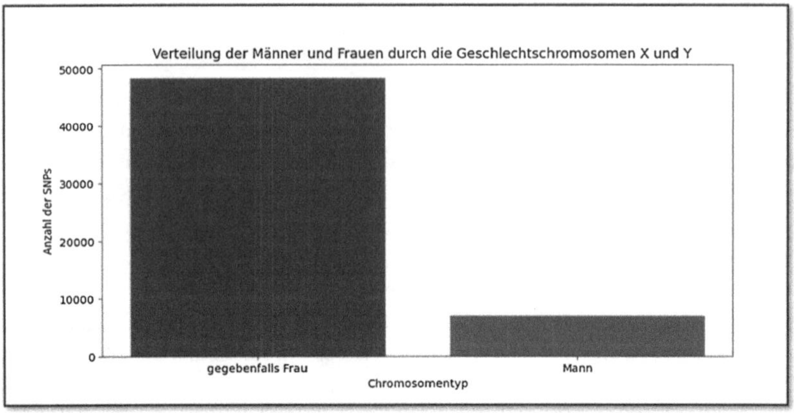

Abbildung 3.4 Verteilung der Männer und Frauen durch die Geschlechtschromosomen

Im Schritt zwölf analysierte der bereitgestellte Code das Verhältnis der Allele auf dem X-Chromosom und visualisierte die Ergebnisse in einem gestapelten Balkendiagramm. Zunächst wurden die Daten in Dataframe x_chromosome_df nach den Allelen allele1 und allele2 gruppiert, wobei die Methode groupby() verwendet wurde. Mit der Methode size() wurde gezählt, wie oft jede Kombination von allele1 und allele2 vorgekommen ist. Anschließend wurde unstack() verwendet, um die gruppierten Daten in ein Dataframe umzuwandeln, wobei allele1 als Zeilenindex und allele2 als Spaltenüberschrift fungierten. Um sicherzustellen, dass auch nicht vorkommende Kombinationen von Allelen berücksichtigt wurden, wurde der Parameter fill_value = 0 verwendet, sodass solche Kombinationen mit der Zahl 0 gefüllt wurden. Für die visuelle Darstellung wurde das Farbschema viridis verwendet, um die verschiedenen Kategorien visuell darzustellen. Die Größe des Diagramms wurde auf 10 Zoll Breite und 6 Zoll Höhe angepasst. Zusätzlich wurden dem Diagramm ein Titel und Beschriftungen für die Achsen hinzugefügt, um die Darstellung zu verdeutlichen. Der Titel des Diagramms lautete Verhältnis der Allelen auf dem X-Chromosom, während die x-Achse mit Allele1 und die y-Achse mit Anzahl der Kombinationen beschriftet wurde. Eine Legende, die die Farben den allele2-Werten zuordnete, wurde ebenfalls angezeigt, um die Interpretation der Daten zu erleichtern. Das Diagramm wurde schließlich mit der Methode plt.show() angezeigt. Die Visuelle Darstellung sah wie folgt aus (Abbildung 3.5).

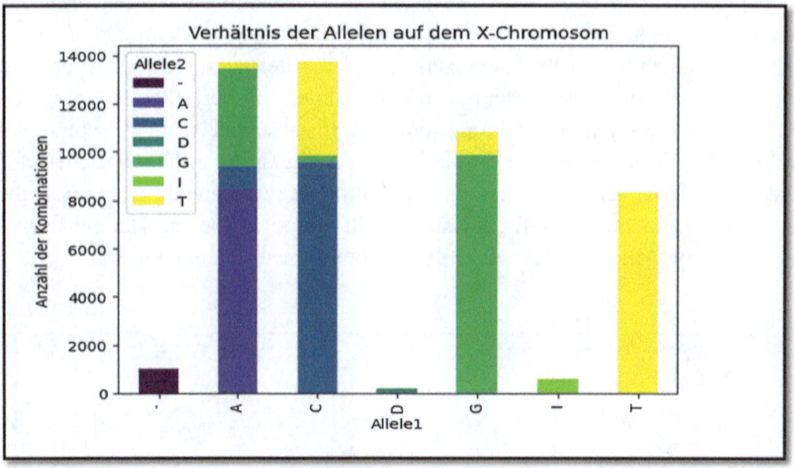

Abbildung 3.5 Verhältnis der Allelen auf dem X-Chromosom

Die gleiche Analyse wurde im zwölften Schritt für das Y-Chromosom durchgeführt. Die Ergebnisse ließen sich wie folgt darstellen (Abbildung 3.6).

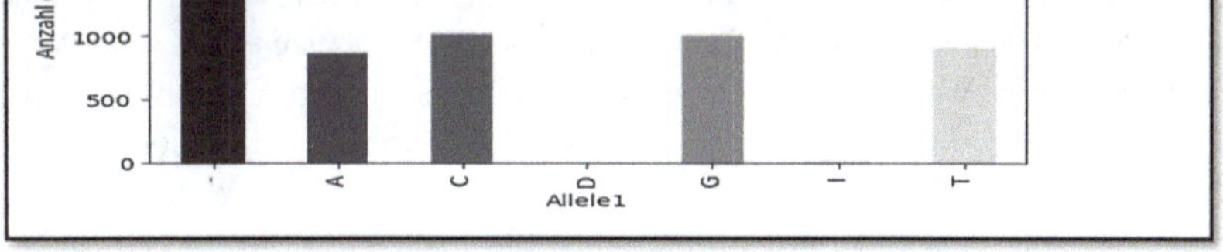

Abbildung 3.6 Verhältnis der Allelen auf dem Y-Chromosom

Aus den Abbildungen fünf und sechs kann entnommen werden, dass die Verteilung der Allelen von den Chromosomen abhängte. Denn bei dem X-Chromosom gab es mehr Kombinationen der Allelen zu sehen als die auf dem Y-Chromosom. Das bestätigte die Annahme aus der Literatur, dass das Y-Chromosom als passives Chromosom gilt. Im abschließenden Abschnitt des zwölften Schrittes wurde ein Vergleich der Verteilung der Allele zwischen den beiden Geschlechtschromosomen durchgeführt. Die resultierende Abbildung, die zur Veranschaulichung der Ergebnisse erstellt wurde, zeigte die Häufigkeit und Verteilung der Allele auf den X- und Y-Chromosomen (Abbildung 3.7).

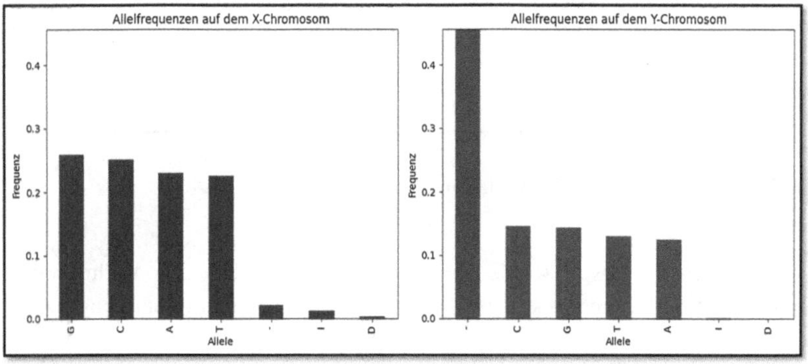

Abbildung 3.7 Vergleich der Allelfrequenzen auf den X & Y Chromosomen

Im 13 Schritt der Analyse wurde eine detaillierte Positionsanalyse der Chromosomen durchgeführt. Hierfür war es notwendig, vorab bestimmte Harmonisierungsmaßnahmen umzusetzen, um sicherzustellen, dass die Daten korrekt verarbeitet und verglichen werden konnten. Ein wesentlicher Schritt bestand darin, die Chromosomenwerte für die Geschlechtschromosomen X und Y in die numerischen Werte 27 und 28 umzuwandeln. Dies wurde durch eine speziell entwickelte Funktion convert_chromosome() erreicht, die diese beiden Chromosomenbezeichner in die entsprechenden numerischen Werte transformierte, während die anderen Chromosomen als numerische Werte beibehalten waren. Die Umwandlung und Harmonisierung der Chromosomenwerte erfolgte durch Anwendung der Funktion auf die entsprechende Spalte chromosome im Dataframe.

Nach der Anpassung der Werte wurde das DataFrame anhand der Spalten chromosome und position sortiert, um eine geordnete Übersicht der Variantenpositionen auf den Chromosomen zu gewährleisten. Die Visualisierung der Chromosomenpositionen erfolgte anschließend mithilfe eines Streudiagramms, in dem für jedes Chromosom eine separate Linie gezeichnet wurde, die die Positionen der Varianten entlang der x-Achse darstellte. Auf der y-Achse wurden die Chromosomennummern abgebildet, wobei die Geschlechtschromosomen X und Y durch die zuvor festgelegten Werte 27 bzw. 28 repräsentiert wurden. Für jedes Chromosom wurden die entsprechenden Positionsdaten herausgefiltert und dann gezeichnet. Die Visualisierung war eine nützliche Darstellung, um die Verteilung der DNA-Varianten über alle Chromosomen hinweg zu verstehen und die Lücken durch fehlende Testung zu erkennen, die wie folgt aussah (Abbildung 3.8).

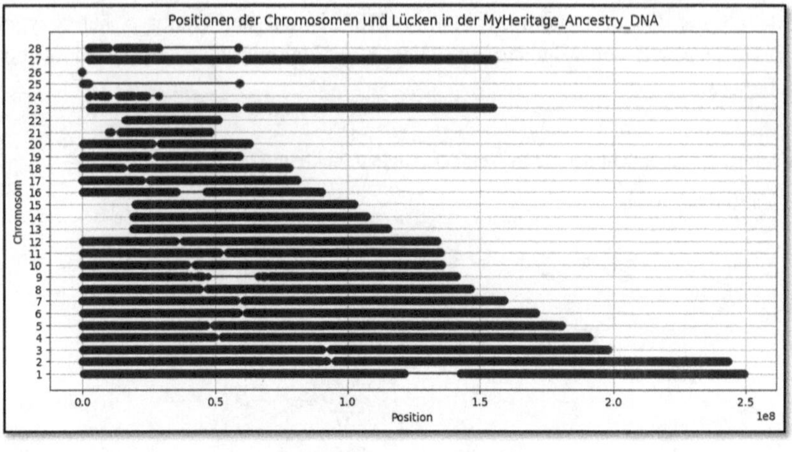

Abbildung 3.8 Übersicht über die Positionen der Chromosomen

Die Abbildung zeigte, dass die kleinen Chromosomen zwischen eins und zwölf mehr genetische Belegung beinhaltet haben als die anderen ab dem dreizehnten Chromosom. Die geringste Besetzungslänge hatte das Chromosom 26.

Der Code führte eine umfassende Analyse der Genotypen und Allelfrequenzen in einem DNA-Datensatz durch. Zunächst wurde eine Funktion definiert, um die Genotypen als homozygot oder heterozygot zu klassifizieren, basierend darauf, ob die Allele in den Spalten allele1 und allele2 übereinstimmten. Diese Klassifikation wurde auf jede Zeile des Dataframes angewendet, wodurch eine neue Spalte genotype erstellt wurde, die den jeweiligen Genotyp angezeigt hat. Anschließend wurde die Häufigkeit der verschiedenen Genotypen (homozygot und heterozygot) mit der Funktion value_counts() ermittelt. Ebenso wurde die Häufigkeit der Allele berechnet, indem die Allele aus den beiden Spalten allele1 und allele2 zusammengeführt und deren Vorkommen gezählt wurde. Insgesamt kam im Datensatz 1204785 der Genotyp homozygot und 518521 mal der Genotyp heterozygot vor. Diese waren wie folgt auf die Allele bzw. Nukleinsäure-Sequenzen verteilt (Tabelle 3.2).

Tabelle 3.2 Übersicht der Häufigkeit der Allelen/ Nukleinsäure

Häufigkeit der Allele	
G	912760
C	910684
A	793692
T	791142
-	15268
I	13257
D	4975
0	4834

In einer weiteren Analyse wurden die Genotypen nach Chromosomen gruppiert, um zu untersuchen, wie die Verteilung der Genotypen auf die einzelnen Chromosomen gefallen sind. Die Ergebnisse zeigten eine detaillierte Übersicht über die Häufigkeit von Genotypen und Allelen sowie deren Verteilung innerhalb der Chromosomen. Folgende Abbildung visualisierte die weitere Visualisierung über Verteilung der Genotypen auf die Chromosomen (Abbildung 3.9).

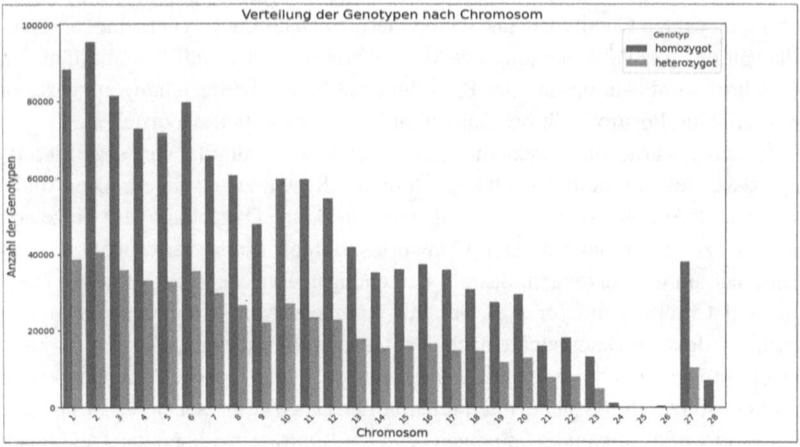

Abbildung 3.9 Verteilung der Genotypen nach Chromosomen

Dabei wurde eine Dominanz der homozygoten Genotypen festgestellt, insbesondere in den ersten Chromosomen. Denn die Anzahl der homozygoten ist doppelt so viel die der andere Genotyp.

Im 15. Schritt wurde der Code verwendet, um die MAF für jede Position im DNA-Datensatz zu berechnen. Die MAF beschrieb den Anteil des weniger häufigen Allels (Minor Allele) an der Gesamtzahl der Allele an einer spezifischen Position. In der Funktion calculate_maf wurde für jede Zeile des Dataframes die Häufigkeit der beiden Allele (allele1 und allele2) bestimmt. Die Zählung der Häufigkeit der Allele erfolgte durch die Methode count(). Anschließend wurde die MAF als das Minimum der Häufigkeit der beiden Allele geteilt durch zwei berechnet. Danach wurde eine Übersicht der rsid und der zugehörigen MAF-Werte ausgegeben. Wenn beide Allele an einer Position identisch waren, ergab sich ein MAF-Wert von eins.

Waren die Allele jedoch unterschiedlich, wurde der MAF-Wert auf null Komma fünf festgelegt, was die gleiche Häufigkeit beider Allele an der jeweiligen Position widerspiegelte. Da der MAF-Wert aus der Verteilung der Genotypen berechnet wurde, ist der Anzahl der MAF-Werte mit einer eins gleich die Anzahl der homozygoten Genotypen aus dem vorherigen Diagramm zu entnehmen. Ebenfalls galt die Anzahlberechnung der MAF-Werte mit einer Null Komma fünf. Im 16. Schritt wurde ein optimierter Pair-Plot erstellt, um die Beziehungen zwischen den Variablen Position, Chromosomen und Genotyp visuell darzustellen.

Zunächst wurde das Erscheinungsbild der Grafik mithilfe von seaborn.set() angepasst, um ein sauberes und gut lesbares Raster zu erzeugen. Die Abbildung hat die Größe von 10×8 Zoll, um eine klare Darstellung der einzelnen Subplots zu gewährleisten. Der sns.pairplot-Befehl wurde verwendet, um ein Paar-Diagramm zu erzeugen, das die Beziehungen zwischen den Variablen Position und Chromosomen zeigte. Der hue-Parameter wurde auf den Genotypen gesetzt, sodass die Datenpunkte nach dem Genotyp (homozygot oder heterozygot) eingefärbt wurden. Dies erleichterte die Unterscheidung zwischen den Genotypen und unterstützte die visuelle Interpretation der Daten. Eine spezielle Farbpalette coolwarm wurde verwendet, um einen besseren Kontrast zwischen den Genotypen zu erzielen.

Die Marker für die einzelnen Datenpunkte waren dabei unterschiedlich: Kreise (o) für homozygote Genotypen und Quadrate (s) für heterozygote Genotypen. Zusätzlich wurde die Größe der Subplots auf 3,5 festgelegt, um die Daten in jedem Diagramm ausreichend darzustellen. Die Legende wurde ebenfalls angepasst, um den Genotypen mit einer passenden Beschriftung darzustellen. Die zugehörige erzeugte Abbildung sah wie folgt aus (Abbildung 3.10).

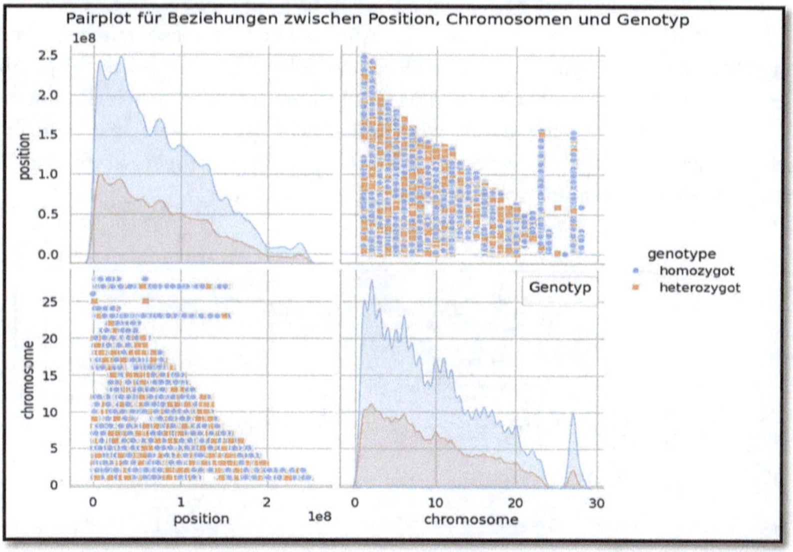

Abbildung 3.10 Übersicht der Paarbeziehungen Position, Chromosomen und Genotypen

Ebenfalls war die Dominanz des homozygoten Genotyps zu sehen. Die Verteilung der Genotypen war dabei unterschiedlich.

Im 17 Schritt wurden phänotypische Daten aus der GWAS-Datenbank in den bestehenden Datensatz integriert. Zu Beginn wurde die Spalte SNPS der GWAS-Datenbank in rsid umbenannt, um eine einheitliche Benennung der Identifikatoren zu gewährleisten. Zudem wurde diese Spalte zur Verbesserung der Übersichtlichkeit nach links verschoben.

Anschließend erfolgte die Verknüpfung der genetischen Testtabelle mit der GWAS-Tabelle durch einen Inner Join, wodurch nur die Datensätze beibehalten waren, die in beiden Tabellen übereinstimmende rsid-Werte aufwiesen. Diese Vorgehensweise ermöglichte eine präzise Zusammenführung der genetischen und phänotypischen Informationen und legte die Grundlage für weiterführende Analysen. Im darauffolgenden Schritt wurden umfassende Filter auf die Daten angewendet, um eine präzise Zuordnung der Krankheitsdaten und Mutationen zu gewährleisten. Dabei erfolgte eine Filterung nach denselben Chromosomen sowie nach übereinstimmenden Positionen auf den Chromosomen. Im Anschluss wurden die Risikoallele aus der Spalte STRONGEST SNP-RISK ALLELE extrahiert und mit den ersten sowie zweiten Allelen der Chromosomen bzw. rsid verglichen. Dieser Vergleich ermöglichte eine explorative Analyse der potenziellen Verteilung von Krankheiten und Merkmalen in den genetischen Strukturen der getesteten Familie, die durch wissenschaftliche Studien eingehend untersucht wurden. Die Ergebnisse des 18. Schritts sind zusammengefasst als die 20 häufigsten Krankheiten und Merkmale wie folgt (Abbildung 3.11).

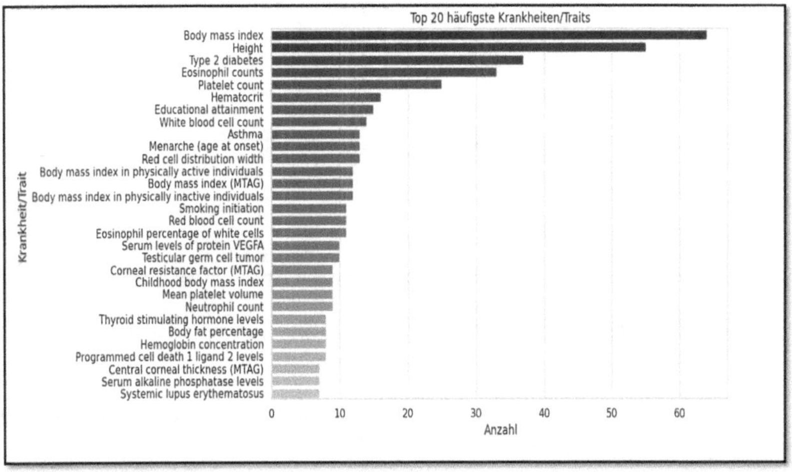

Abbildung 3.11 Übersicht der top 20 gemappten Krankheiten und Merkmale

Die Abbildung zeigte, dass das Merkmal Body-Mass-Index (u. a. Körpergestaltung), das Körpergewicht und der zweite Typ von Diabetes die höchste Häufigkeit hatten. Dazu wurden Krankheiten wie Asthma im mittleren Bereich identifiziert. Im 19. Schritt wurde ein Vergleich der Krankheitsverteilung zwischen zwei Datensätzen durchgeführt. Zunächst wurde die Fallanzahl der Krankheit Autismus unter Berücksichtigung eines Risikoallels analysiert. Dabei wurde ermittelt, wie viele Individuen mit einem spezifischen Risikoallel betroffen sind. Anschließend erfolgte eine Analyse der Anzahl der Autismus-Erkrankungen ohne ein Risikoallel, um zu untersuchen, wie sich die Krankheit in Abwesenheit des Risikofaktors verteilte. Dabei wurden 57 Fälle ohne Übereinstimmung der Risikoallele gefunden.

Daraufhin wurde auch die Anzahl der Fälle von der Krankheit Thalassämie ohne das Vorhandensein eines Risikoallels betrachtet, um deren Verteilung in der Population ohne das genetische Risiko zu bewerten. Dafür wurden keine Treffer gefunden. Die identifizierten Fälle von Autismus wiesen keine Übereinstimmung zwischen den Risikoallelen und den in den genetischen Testdatensätzen vorhandenen Allelen auf. Es führte zum Ausschluss der Rolle von den Risikoallelen in der Übertragung des Autismus in der Familie. Abschließend wurden die Relationen zwischen Chromosomen, Positionen, MAF und der Krankheit untersucht, um mögliche Zusammenhänge und Muster in der genetischen Verteilung und der Krankheitsprävalenz aufzuzeigen. Die Beziehungsanalyse zwischen den erwähnten Variablen ließ sich wie folgt zeigen (Abbildung 3.12).

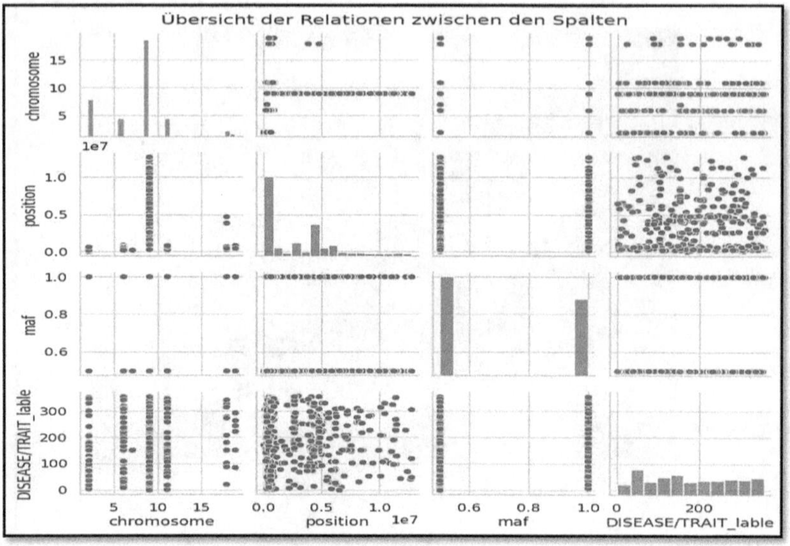

Abbildung 3.12 Übersicht der Relationen zwischen den Spalten

Die Krankheiten verteilten sich auf verschiedene Positionen verteilt waren, welche am meisten auf den Chromosomen von eins bis zehn zu finden waren.

Im nächsten Schritt der Analyse wurde eine weitere Phänomene-Datenbank, SNPedia, eingebunden, die umfassende Informationen zu Krankheiten bereitstellen sollte, die mit bestimmten Mutationen assoziiert sind. Um die Daten zu verarbeiten, wurde die entsprechende Datei zunächst als CSV-Datei mithilfe des

Python-Pakets pandas eingelesen. Anschließend wurde die Spalte Unnamed: 0 in rsid umbenannt, um das Mapping mit den genetischen Daten zu ermöglichen. Die Spalte rsid enthielt Informationen zu den Identifikatoren der Mutationen sowie zu den Risikoallelen. Diese Informationen wurden in separate Spalten aufgeteilt und in ein Format gebracht, das mit dem genetischen Testdatensatz kompatibel war. Im nächsten Schritt wurden die Testdaten mit den neuen Krankheitsdaten zusammengeführt. Zur weiteren Analyse wurde die Korrelation zwischen den Variablen untersucht. Dafür wurden die Spalten Summary und Risikoallele in numerische Kategorien umgewandelt. Abschließend wurde eine Korrelationsanalyse der numerischen Spalten durchgeführt, deren Ergebnisse in Form einer Heatmap visualisiert wurden. Der Heatmap sah wie folgt aus (Abbildung 3.13).

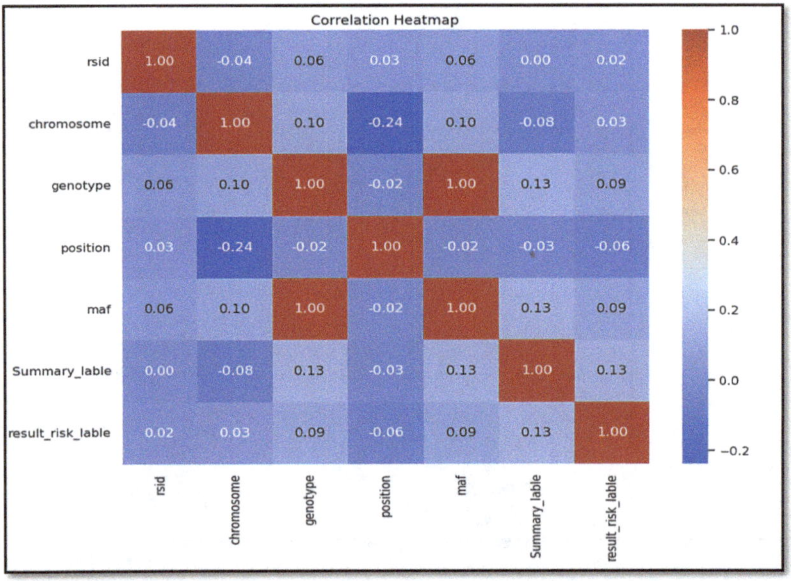

Abbildung 3.13 Heatmap über die Korrelation (Genodaten, Krankheitsdaten aus SNPedia)

Aus der Analyse war keine eindeutige Korrelation zu finden, außer die zwischen Genotyp und MAF-Wert, welche auseinander berechnet wurden.

Trotz der Übereinstimmung in den Allelen, Positionen und Chromosomen konnte hierbei keine sichere Aussage getroffen werden, ob die Krankheit bei der einen oder anderen Person vorkommen wird oder ob die Allele zu der Krankheit führen wird. Dieser Abschnitt deckte die Schritte 20, 21, zweiundzwanzig, 23 und 24. Im 25. Schritt wurde die Spalte Result durch die Zusammenführung der Spalten allele 1 und allele 2 erstellt. Im darauffolgenden, 26. Schritt erfolgte ein Vergleich dieser neu erstellten Spalte mit der Spalte result_risk, um eine weitergehende Analyse zu ermöglichen. Darüber hinaus wurde eine explorative Darstellung der zwanzig am häufigsten gemachten Krankheiten generiert. Aufgrund der umfangreichen Textlängen in der Spalte Krankheit war die Übersichtlichkeit der Darstellung jedoch eingeschränkt.

Es wird daher empfohlen, die entsprechende Visualisierung direkt im Code anzuschauen, um eine klare Ansicht der Ergebnisse zu erhalten (Abbildung 3.14).

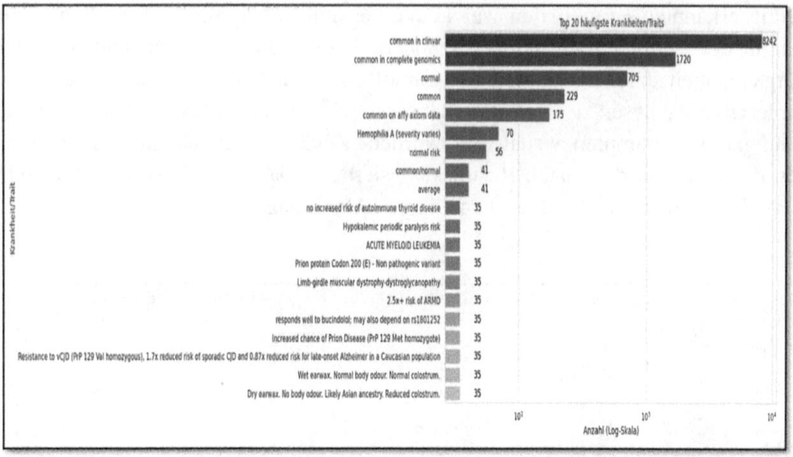

Abbildung 3.14 Top 20 Krankheiten nach dem Mapping von Testdatensatz und SNPedia

Dabei war es zu sehen, dass aus dieser Datenbank mehr Matchfälle vorkommen als die von GWAS. Allerdings beinhalten die Fälle nicht immer eine eindeutige Aussage über eine Erkrankung. Im siebenundzwanzigsten Schritt wurde die Häufigkeit und Frequenz der Allelen bzw. Nukleinsäuren berechnet. Somit sind folgende Ergebnisse zustande gekommen (Tabelle 3.3).

Tabelle 3.3 Allelen-Häufigkeit und -Frequenz im SNPedia-Testdatensatz

Nukleinsäuren	*Allelenhäufigkeit*	*Allelfrequenz*
G	10018	0.357837
C	8906	0.318117
A	5074	0.181240
T	3998	0.142806

Der SNPedia-Datensatz enthielt in der Spalte Magnitude Angaben zur Risikowahrscheinlichkeit. Im achtundzwanzigsten Schritt der Analyse wurde diese Spalte in prozentuale Werte umgerechnet, um den Effekt der jeweiligen Allele deutlicher zu quantifizieren und besser interpretierbar zu machen. Eine der eindeutig erkannten Krankheiten war Leukämie mit 35 Vorfällen. Diese Krankheit war in der familiären Struktur vorhanden. Bereits drei Personen haben in der Vergangenheit darunter gelitten. Im darauffolgenden Schritt wurden zusätzliche explorative Analysen des Textdatensatzes durchgeführt, wobei die Daten mittels Häufigkeitsdiagrammen visualisiert wurden. Zunächst wurden die Kombinationen der Allele in der Spalte Result analysiert und dargestellt. Die nachfolgende Abbildung veranschaulicht die Ergebnisse (Abbildung 3.15).

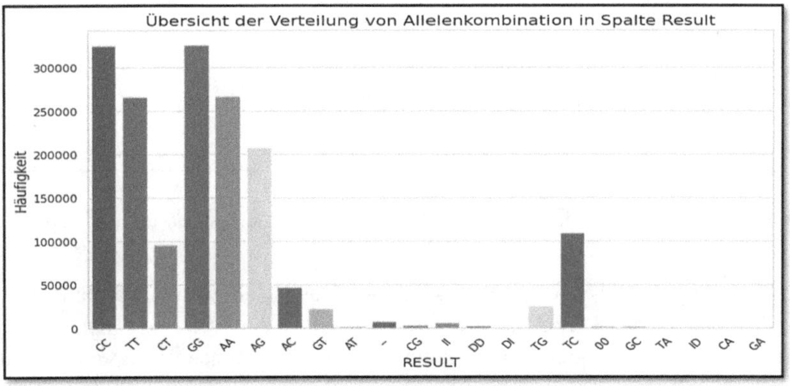

Abbildung 3.15 Übersicht der Verteilung von Allelenkombination in Spalte Result

Ein Machine-Learning-Modell ist ausschließlich in der Lage, numerische Daten zu verarbeiten. Daher mussten kategoriale Daten in numerische Werte umkodiert werden. Hierfür konnte das LabelEncoder-Modul aus der Python-Bibliothek sklearn.preprocessing verwendet werden.

Im neunundzwanzigsten Schritt wurden die Spalten allele 1, allele 2 und genotyp entsprechend in numerische Werte umgewandelt. Im nächsten Schritt wurde der Testdatensatz aufgrund eingeschränkter Performance reduziert. Hierzu wurde eine Zufallsfunktion verwendet, um die Datenmenge auf 20.000 Dateneinträge zu begrenzen.

Nachdem die Daten für das Clustering vorbereitet wurden, wurde im einunddreißigsten Schritt ein Machine-Learning-Modell für das Clustering implementiert. Das Ziel dieses Clustering war, die Verteilung der Genotypen an den verschiedenen Positionen der unterschiedlichen Chromosomen zu zeigen. Zunächst wurden die Daten gelabelt, wobei Spalten berücksichtigt wurden, die potenziell zur Verbesserung der Clustering-Performance beitragen konnten. Hierbei wurden die Variablen chromosome, position, allele1_numeric, allele2_numeric und genotype_numeric integriert.

Die Leistungsbewertung des Clustering-Modells erfolgte mittels des Silhouette-Koeffizienten, der ein gängiges Maß zur Evaluierung der Cluster-Qualität ist. Für das Clustering wurden zwei Modelle eingesetzt, die auf den Algorithmen K-Means und DBSCAN basierten, um unterschiedliche Ansätze zur Gruppierung der Daten zu vergleichen.

Der K-Means-Algorithmus führte eine Clusteranalyse durch, in der die optimale Anzahl an Clustern bestimmt wurde. Dabei wurde der Silhouette-Koeffizienten für verschiedene Clusteranzahlen berechnet. Zunächst wurden die notwendigen Bibliotheken K-Means aus sklearn.cluster und silhouette_score aus sklearn.metrics importiert. Dann wurde die Liste silhouette_scores erstellt, um die Silhouette-Koeffizienten für jede getestete Anzahl an Clustern zu speichern. Der Clusterbereich wurde auf die Werte zwei bis fünf gesetzt, was in der Variable cluster_range definiert war. In einer Schleife wurde für jede Anzahl von Clustern (k) im Bereich cluster_range ein K-Means-Modell mit der entsprechenden Clusteranzahl trainiert und auf die skalierten Daten (X_scaled) angewendet.

Der Silhouette-Koeffizient für jede Clusteranzahl wurde dabei in der Konsole ausgegeben. Die Ergebnisse zeigten, dass der Silhouette-Koeffizient für n_clusters = 2 am höchsten war 0.4680, was darauf hindeutete, dass zwei Cluster die beste Kohärenz und Trennung der Daten angeboten haben. Abschließend wurde eine Visualisierung erstellt, die die Silhouette-Koeffizienten für die verschiedenen Clusteranzahlen darstellte. Der Plot hat dabei geholfen, die Clusteranzahl mit dem besten Silhouette-Koeffizienten grafisch zu identifizieren. Folgende Abbildung zeigte die Cluster-Qualität an (Abbildung 3.16).

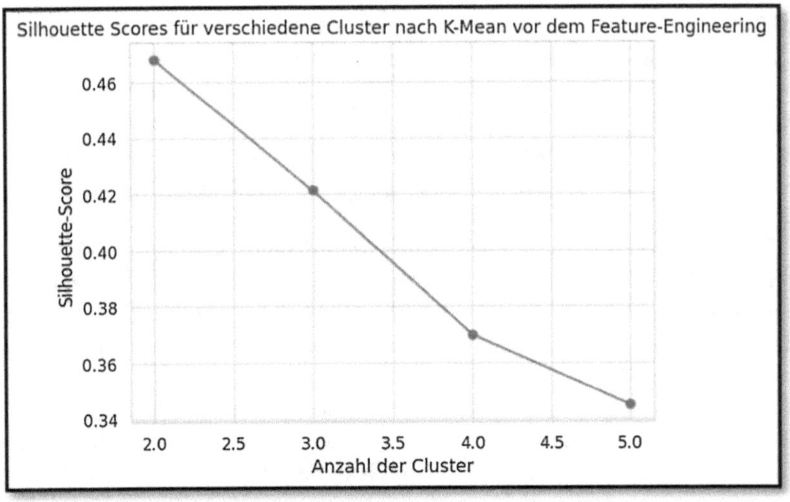

Abbildung 3.16 Silhouette Scores über K-Mean vor dem Feature-Engineering

Der Silhouette-Koeffizient wiedergab keinen optimalen Koeffizient-Wert, was zu weiteren Anpassungen der Labels in den nächsten Schritten geführt hat. Zum Vergleich wurde ein Clustering unter der Verwendung des DBSCAN-Algorithmus durchgeführt, wobei die gleichen Labels wie im vorherigen Clustering verwendet wurden. Die Ergebnisse des DBSCAN-Algorithmus fielen jedoch schlechter aus als die des K-Means-Algorithmus, mit einem maximalen Silhouette-Koeffizient von lediglich 0.1402.

Da die Clusterqualität für ein zufriedenstellendes Clustering nicht ausreichend war, wurde ein Feature-Engineering durchgeführt, bei dem die Labels auf lediglich drei Spalten reduziert wurden. Diese Spalten umfassten chromosome, position und genotype_numeric. Durch die Verwendung der reduzierten Merkmale konnte der Silhouette-Koeffizient des K-Means-Algorithmus erheblich verbessert werden, wobei ein Wert von 0.6239 bei zwei Clustern erreicht wurde (Abbildung 3.17).

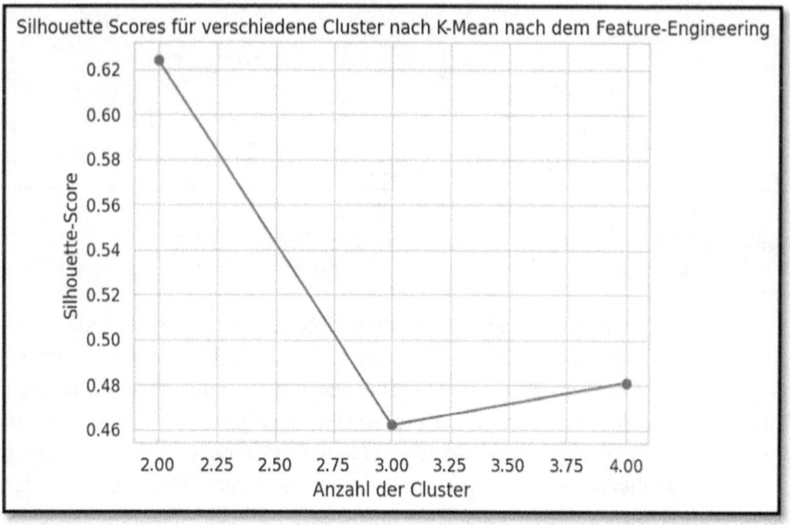

Abbildung 3.17 Silhouette Scores über K-Mean nach dem Feature-Engineering

Der DBSCAN-Algorithmus erzielte bei einem eps-Wert von 0,60 den gleichen Silhouette-Koeffizienten von 0,6239. Das Clustering wurde abgeschlossen, indem eine Clusteranalyse mit dem DBSCAN-Algorithmus durchgeführt wurde, wobei ein eps-Wert von 0.60 und eine Mindestanzahl von 5 Punkten pro Cluster verwendet wurden. Anschließend wurden die Clusterergebnisse visualisiert, wozu jedes Cluster eine eigene Farbe erhielt und Rauschen schwarz markiert wurde. Der Plot zeigte die Cluster auf zwei Dimensionen und hatte eine Legende, die die Bezeichner der Cluster darstellte. Die zwei entstehenden Cluster widerspiegelten die bekannten Genotypen auf den Chromosomen (Abbildung 3.18).

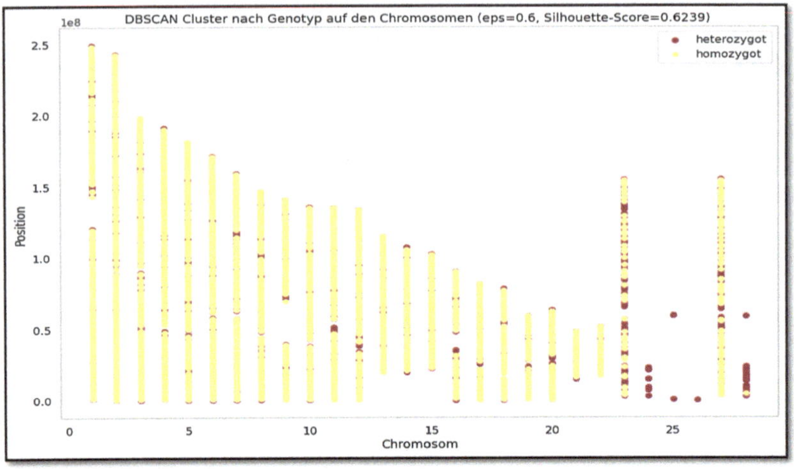

Abbildung 3.18 Clustering per DBSCAN nach dem Genotyp

Im Schritt 32 wurden die Daten aus dem Chromosomen-Browser unter Verwendung einer Schleife extrahiert. Hierbei wurden etwa 104 Dateien eingelesen und in einem Dictionary abgelegt. Die 104 Dateien entstanden durch manuelle Abfragen auf der Webseite des Anbieters MyHeritage. Im anschließenden Schritt 33 wurden die Daten aus dem Dictionary in einen Dataframe überführt. Im Schritt 34 wurden Duplikate entfernt. Der zunächst hochgeladene Datensatz aus dem Chromosomen-Browser diente als Trainingsdatensatz für die späteren Analysen.

Dieser Datensatz wurde anhand eines Regelwerks im Schritt 35, das in einer Tabelle aus der Studie „The Shared CM Project“ basierte, weiterverarbeitet. Zur Umsetzung des Regelwerks wurde die Summe der cM in Bezug auf den Namen der getesteten Person und deren Matches berechnet. Auf dieser Basis wurde eine neue Spalte mit dem Namen gesamt_centimorgans erstellt. Wenn der Wert der Spalte gesamt_centimorgans innerhalb eines Verwandtschaftsgradbereichs der Tabelle eins vorkam und nah zu dem Durchschnittswert von der minimalen und maximalen Grenze eines Verwandtschaftsgrads lag, wurde der entsprechende Verwandtschaftsgrad in einer zusätzlichen Spalte Verwandtschaftsgrad eingetragen.

Anschließend wurde überprüft, ob in der Spalte Verwandtschaftsgrad leere Werte vorhanden waren, um festzustellen, ob es Verwandtschaftsgrade gab, die im Regelwerk nicht abgedeckt waren. Die Prüfung ergab keine leeren Werte, was darauf deutete, dass alle Dateneinträge durch das Regelwerk verarbeitet werden konnten. Die Gesamtzahl der in die Analyse einbezogenen Verwandtschaftsbeziehungen betrug 2916. Es gab große Überschneidungen in den Klassen, deshalb wurde der Mittelwert der Intervallgrenzen berechnen. Im Schritt 36 wurde der Name der Spalte Verwandtschaftsgrad sowie anderer Spalten in Kleinbuchstaben geschrieben.

Im Anschluss wurden Pakete wie dash plotly und boto3 tensorflow installiert und angebunden für spätere Verarbeitung und Darstellung eines Familienbaums. Weiterhin wurde ein neuronales Netzwerk zur Klassifikation von Verwandtschaftsgraden basierend auf genetischen Merkmalen trainiert. Zunächst wurden die Merkmale (chromosome, start location, end location, centimorgans, gesamte_centimorgans) und die Zielvariable (Verwandtschaftsgrad) aus dem Chromosom_Browser Dataframe extrahiert. Die Variablen wurden mit LabelEncoder in numerische Werte umgewandelt. Anschließend wurde der Datensatz in Trainings- und Testdaten aufgeteilt.

Die Merkmale wurden mit StandardScaler skaliert, um die Modellperformance zu verbessern. Das Modell selbst bestand aus einer Eingabeschicht, zwei versteckten Schichten (jeweils mit ReLU-Aktivierung) und einer Ausgabeschicht mit der softmax-Aktivierungsfunktion, die für die Mehrklassenklassifikation geeignet war. Das Modell wurde mit dem adam-Optimierer und der Verlustfunktion sparse_categorical_crossentropy kompiliert.

Danach wurde es für 50 Epochen trainiert, wobei 20 % der Trainingsdaten für die Validierung verwendet wurden. Schließlich wurde das Modell mit den Testdaten evaluiert und die Genauigkeitswerte wurden ausgegeben.

Dieser Vorrang ergab folgende Performance.

Accuracy: 0.8069

Die Genauigkeit des Modells war unzureichend, und sowohl der Anteil der nicht korrekt vorhergesagten Verwandtschaftsgrade als auch die Verlustwerte waren signifikant. Dies deutete darauf hin, dass das Modell weiterer Optimierungen bedarf, um die Leistung der Vorhersage zu steigern. Infolgedessen wurde die Anzahl der verwendeten Merkmale auf zwei wesentliche reduziert, die laut der zugrunde liegenden Studie mit dem Verwandtschaftsgrad in Zusammenhang stand. Die für die Vorhersage eingesetzten Merkmale waren centimorgans und gesamte_centimorgans, während die Zielvariable verwandtschaftsgrad blieb.

Diese Anpassung führte zu einer minimalen Verbesserung der Leistung der Vorhersage, die wie folgt ausfiel.

Accuracy: 0.8532

Ein weiterer Versuch wurde durchgeführt, bei dem zusätzliche Merkmale wie name und match name einbezogen wurden. Dieser führte jedoch zu einer Genauigkeit von lediglich 0.86. In folgender Konfusion-Matrix konnten einige Verbesserung der Vorhersagen festgestellt werden (Abbildung 3.19).

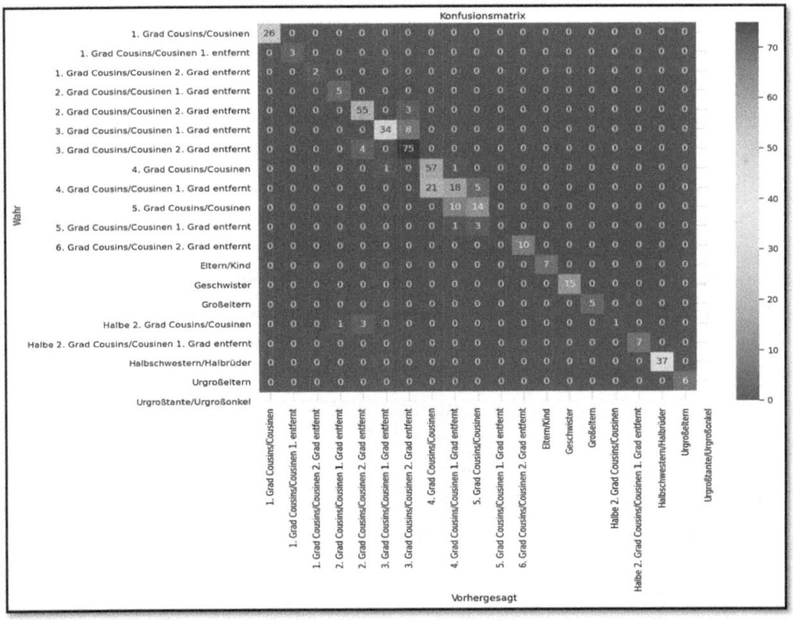

Abbildung 3.19 Konfusion-Matrix über den Verwandtschaftsgraden

Es wurde versucht, die Leistung weiter zu verbessern, indem ausschließlich die Spalte gesamte_centimorgans in die Vorhersage der Zielvariable einbezogen wurde. Diese Anpassung führte zu einer Optimierung der Modellperformance, die als optimal bewertet wurde. Die resultierende Leistung ist wie folgt.

Accuracy: 0.91

Die Performance der Vorhersage wurde zusätzlich mittels einer Konfusionsmatrix evaluiert, die in der nachfolgenden Abbildung dargestellt wurde (Abbildung 3.20).

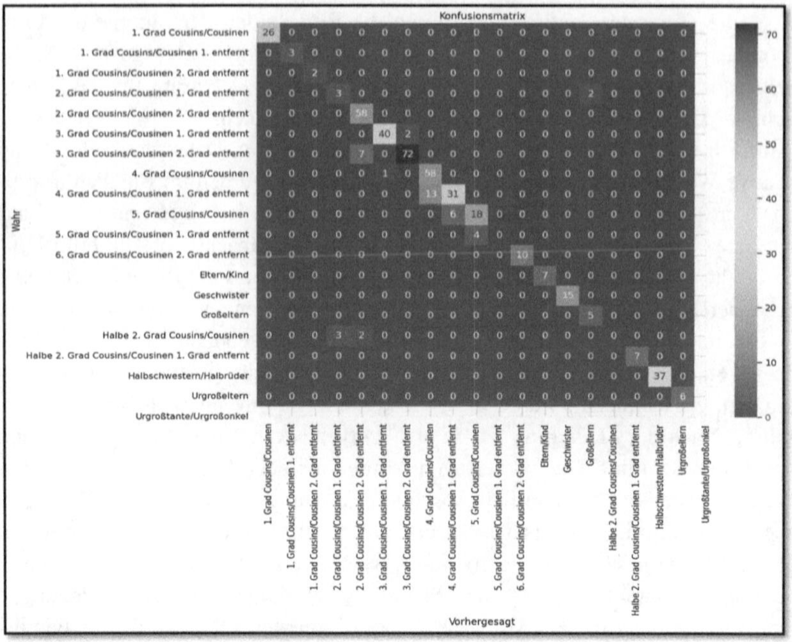

Abbildung 3.20 Konfusion-Matrix von Verwandtschaftsgraden durch Gesamt-Centimorgans

Im abschließenden Abschnitt dieser Phase wurde eine Prüfung der Daten durchgeführt, bei der festgestellt wurde, dass eine wesentliche Kind-/Eltern-Beziehung im Datensatz noch fehlte.

Zur Ergänzung wurden im Schritt 38 zusätzliche Daten aus dem Chromosomen-Browser hinzugefügt, nachdem Daten von Ancestry bei MyHeritage hochgeladen wurden.

Etwa 44 Dateien wurden in einem Dictionary gespeichert und anschließend in ein Dataframe überführt. In diesem weiteren Datensatz wurde der Verwandtschaftsgrad durch das zuvor trainierte neuronale Netzwerk vorhergesagt. Die Anzahl der Einträge in dem neuen Datensatz betrug 1775. Im Schritt 39 wurde die Spalte Gesamte_Centimorgans durch die Berechnung der Summe der Centimorgans gebildet. Im darauffolgenden Schritt 40 erfolgte eine gezielte Suche nach bestimmten Objekten bzw. getesteten Personen im Datensatz, um das Fehlen wichtiger Beziehungen zu identifizieren und zu vermeiden.

Im Zuge des 41. Schrittes wurden Duplikate aus dem Datensatz entfernt und negative Werte in der Spalte Gesamte_Centimorgans wurden im Rahmen desselben Schrittes eliminiert. Im Schritt 42 wurde das trainierte neuronale Netz auf den neuen Datensatz angewendet. Der Code prüfte zunächst, ob die erforderliche Spalte gesamte_centimorgans im Datensatz Chromosom_Browser_forpredic vorhanden war. Falls diese Spalte gefehlt hat, wurde eine Meldung ausgegeben, die die fehlenden Spalten auflistete. Wenn alle notwendigen Spalten vorhanden waren, wurde der Datensatz auf die relevante Spalte gesamte_centimorgans reduziert. Anschließend wurde dieser Datensatz mithilfe eines Standard-Scalers skaliert. Nach der Skalierung wurde eine Vorhersage mit dem bereits trainierten Modell durchgeführt. Die Vorhersagen wurden als neue Spalte verwandtschaftsgrad dem Datensatz hinzugefügt. Abschließend wurde der aktualisierte Datensatz ausgegeben, um die Vorhersagen zu überprüfen. Im Schritt 43 wurde der Anteil der nicht vorhergesagten Werte überprüft, welcher mit 0,00 % verzeichnet wurde. Dies deutete darauf hin, dass das Modell in der Lage war, alle Beziehungen erfolgreich vorherzusagen. Mit dem Python-Paket networkx wurde ein Familienbaum unter Verwendung von Knoten und Kanten in dem 44. Schritt erstellt. Dieser Familienbaum basierte ausschließlich auf den Beziehungen aus dem zuletzt geladenen Datensatz, auf den das trainierte Modell angewendet wurde. Die Ergebnisse waren im dargestellten Familienbaum erkennbar, allerdings war die Visualisierung aufgrund der fehlenden Informationen über die Beziehungen nur schwer eindeutig zu interpretieren (Abbildung 3.21).

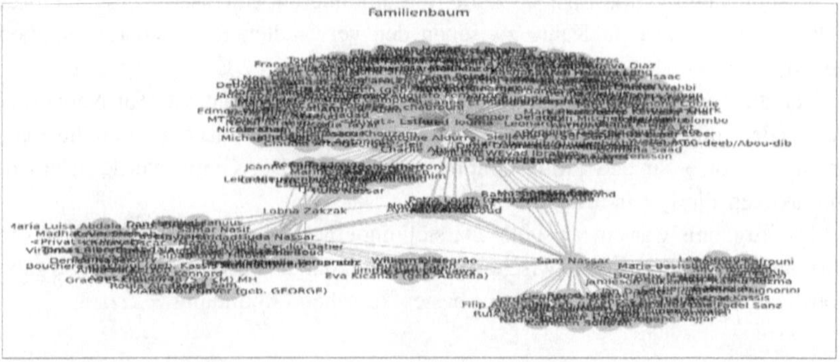

Abbildung 3.21 Familienbaum durch das networkx-Paket

Aufgrund der unzureichenden Sichtbarkeit der Punkte und Beziehungen wurde die Darstellung in eine visuelle Umgebung überführt. Zu diesem Zweck wurden im Schritt 45 verschiedene Python-Pakete wie Dash, Streamlit und PyVis integriert, um eine interaktive und benutzerfreundliche Visualisierung der Beziehungen zu ermöglichen. Im darauffolgenden Schritt 46 erfolgte eine Überprüfung auf fehlende Beziehungen, wobei festgestellt wurde, dass nicht alle Daten vollständig vorlagen. Um diese Lücken zu schließen, wurden die Spalten der Verwandtschaftsgrade aus den beiden Chromosomen-Browser-Datensätzen im Schritt 47 zusammengeführt, sodass alle relevanten Beziehungen der wichtigen Personen erfasst wurden. Im Schritt 48 erfolgte eine Überprüfung auf fehlende Daten, um sicherzustellen, dass keine leeren Zeilen in der Spalte der Verwandtschaftsgrade vorhanden waren. Das zeigte, dass alle Beziehungen abgedeckt waren.

Im Schritt 49 wurde die Anzahl aller Verwandtschaftsbeziehungen festgestellt, welche bei 4668 lag. Die visuelle Umgebung aus dem 50. Schritt nutzte verschiedene Python-Bibliotheken, um einen interaktiven Familienbaum zu erstellen und anzuzeigen. Hierzu wurden Pakete wie Streamlit, NetworkX und Plotly verwendet. Zunächst sollte dem Benutzer in einer Dropdown-Liste die Auswahl eines Verwandtschaftsgrades ermöglicht sein. Diese Möglichkeit ist nach langem probieren leider nicht gelungen. Dazu existiert eine vordefinierte Farbzuweisung für verschiedene Verwandtschaftsgrade, um die Knoten im Graphen visuell darzustellen. Beim ersten Versuch konnten nur die Hauptpersonen bzw. acht Testpersonen eine Farbe bekommen. Da die Beziehungen sehr viele sind, bedeutete die Farbe an der Stelle wenig, denn die Farbe konnte keiner bestimmten Beziehung zugeordnet werden.

Anschließend wurde für jede Zeile im kombinierten Datensatz ein Knoten für jede Person sowie eine Kante zwischen den verwandten Personen im Graphen hinzugefügt.

Für die Visualisierung des Graphen wurde das spring_layout von NetworkX verwendet, um die Positionen der Knoten zu berechnen. Danach wurden die Kanten und Knoten für den Plotly-Graphen vorbereitet. Der Graph wurde in einem interaktiven Plotly-Chart angezeigt.

Das Ergebnis war eine visuelle Darstellung eines Familienbaums, bei dem die Beziehungen durch Linien zwischen den Knoten dargestellt wurden. Die Ausgabe vom Familienbaum ist im Code am besten zu sehen (Abbildung 3.22).

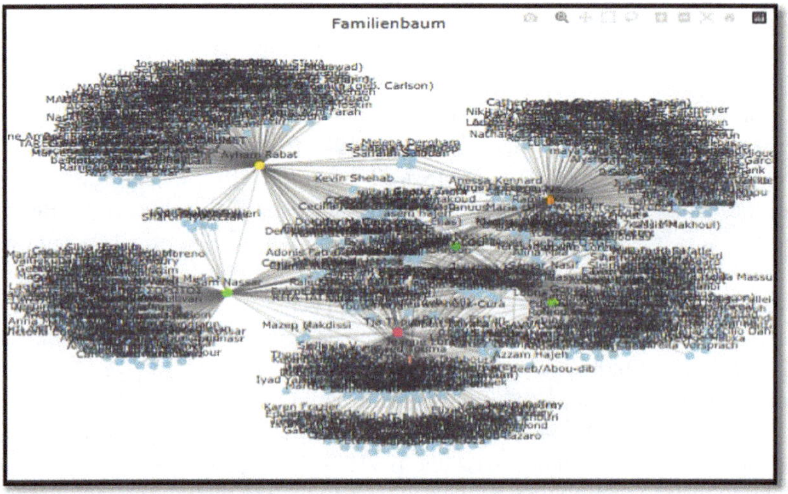

Abbildung 3.22 Familienbaum aller getesteten Personen

In dieser Abbildung wurden die Beziehungen zwischen den Testpersonen und den Matchpersonen visualisiert, wobei die Verbindungen in Richtung der Matchpersonen aufgebaut wurden. Da die farbliche Darstellung in diesem Kontext keine sinnvolle Information lieferte, wurden zwei Anpassungen vorgenommen. Erstens wurden die Beziehungen von den Matchpersonen zu den Testpersonen dargestellt, was die ursprüngliche Richtung umkehrte. Zweitens wurden zusätzliche Informationen zu jedem Punkt hinzugefügt. Beim Interagieren mit den einzelnen Punkten in der Grafik erschien ein Pop-up, das den Matchnamen, den Verwandtschaftsgrad und den Namen in einem separaten Kästchen anzeigte. Die zweite Abbildung ist unter Nummer 32 zu finden (Abbildung 32 im elektronischen Zusatzmaterial einsehbar).

Die Hauptknoten wurden entsprechend mit einem festgelegten Farbschema definiert, das aus der sechsten Tabelle (Tabelle 6 im elektronischen Zusatzmaterial einsehbar) entnommen werden kann. Im Schritt 51 wurden zusätzliche Kontrollprüfungen durchgeführt, um die Integrität der Daten sicherzustellen.

Anschließend erfolgte der Abgleich der Fälle aus dem Datensatz des Chromosomen-Browsers mit den umfangreichen Testrohdaten im Schritt 52. Bei diesem Abgleich wurden die Start-rsid-Werte der getesteten Person mit den End-rsid-Werten des entsprechenden Matches abgeglichen, um eine präzise Zuordnung und Analyse der genetischen Varianten vorzunehmen. Das Ziel dieses Prozesses war die Vervollständigung des Datensatzes durch die Integration zusätzlicher Informationen aus den Rohdaten, wie beispielsweise daten über den Allelen. Darüber hinaus erfolgte im Schritt 53 eine Eingrenzung des Datensatzes auf spezifische Verwandtschaftsgrade. Im darauffolgenden Schritt 54 wurde eine Datenbasis erstellt, die die Nukleinsäuren der getesteten Person mit denen der Matchperson verglichen und auf mögliche Vererbungsmuster untersucht hat. Die Ergebnisse dieser Analyse wurden in der Spalte Flag vermerkt, wobei eine Übereinstimmung oder Vererbung mit Ja und eine Nichtübereinstimmung mit Nein gekennzeichnet wurde. Innerhalb dieses Schrittes wurden ebenfalls Grundstatistiken berechnet wie zum Beispiel Durchschnitt, Anzahl, Maximum, Minimum, etc. Im Schritt 55 wurde die Verteilung der cM's aus der Vereinigung der Daten des ersten und zweiten Chromosomen-Browsers wie folgt dargestellt. Die Abbildung ergab eine hohe Dichte der niedrigen cM-Werte (Abbildung 3.23).

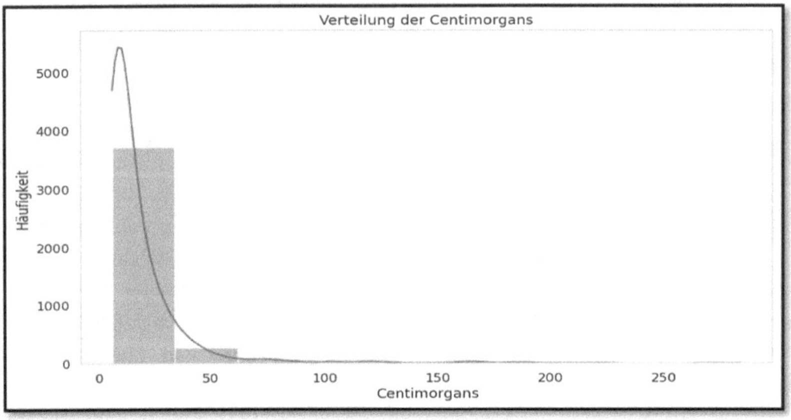

Abbildung 3.23 Verteilung der cM

Eine weiterführende Untersuchung der Daten wurde hinsichtlich der Verteilung der Verwandtschaftsgrade basierend auf der Summe der cM-Werte im Schritt 56 präsentiert. Diese wurde mittels Boxenplots erstellt. Die Ergebnisse verdeutlichten, dass der Großteil der Fälle innerhalb der durch die Boxplots dargestellten Bereiche lag, was darauf hindeutete, dass die Mehrzahl der Fälle einer bestimmten Klasse zugeordnet werden konnte. Das Fehlen einer signifikanten Anzahl an Ausreißern ließ darauf schließen, dass die vorhergesagten Fälle größtenteils in einer Klasse klassifiziert wurden. Ein hoher Anteil an Ausreißern kann hingegen sein, dass eine Vielzahl der vorhergesagten Fälle fälschlicherweise außerhalb der Klassen lag, die eine größere Differenz der Gesamtcentimorgans zur zugeordneten Verwandtschaft hatten. Ungeachtet dessen konnte eine fehlerhafte Zuordnung nicht ausgeschlossen werden, da in den kleineren Verwandtschaftsbereichen zahlreiche Überschneidungen aufgetreten sind. Dieses Problem konnte anhand des vorliegenden Regelwerks nicht gelöst werden.

Selbst unter Verwendung einer Simulationsprobe auf der Webseite https://dnapainter.com/tools/sharedcmv4 konnte durch die Angabe einzelner Werte aus der Spalte Gesamtcentimorgans kein eindeutiger Verwandtschaftsgrad bestimmt werden. Stattdessen wurden mehrere mögliche Grade angegeben. Diese Webseite basierte ebenfalls auf den Regelwerken der zugrunde liegenden Studie The Shared CM Project. Das hat die Genauigkeit der Klassifizierung gemindert und führte zu potenziellen Fehlinterpretationen (Abbildung 3.24).

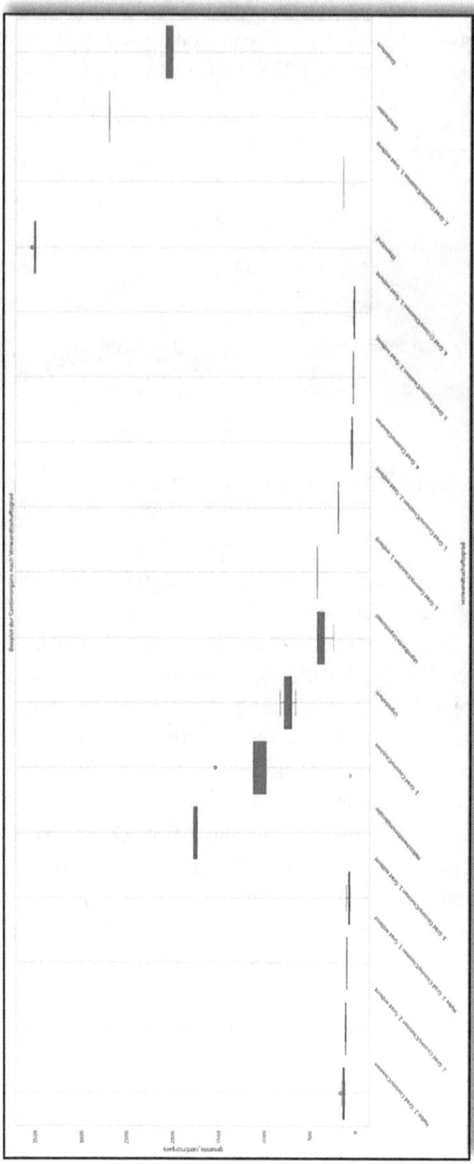

Abbildung 3.24 Boxplot der cM nach Verwandtschaftsgraden

Wie bereits zuvor erwähnt wurde, wurde die Vererbung der Nukleinsäuren untersucht. Die Anteile der vererbten Allele wurden im Schritt 57 wiedergegeben. Dabei war zu sehen, dass der kleinste Teil von Personen eine Übereinstimmung in den Allelen gehabt hat (Abbildung 3.25).

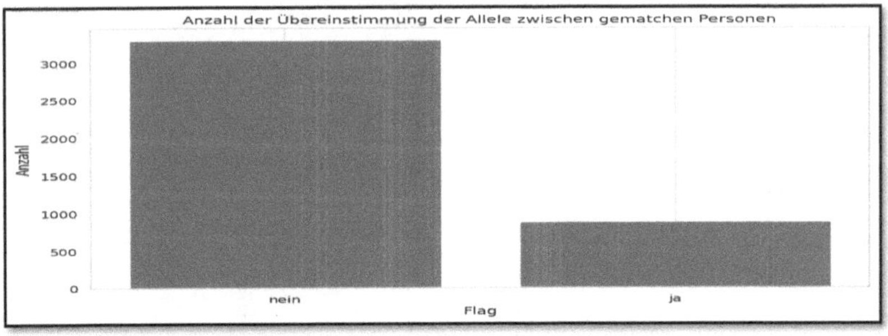

Abbildung 3.25 Anzahl der Übereinstimmungen der Allele zwischen gematchten Personen

Im Schritt 58 wurden die Zusammenhänge zwischen den Variablen dargestellt und in einem nachfolgenden Diagramm visualisiert. Interessant war die erste Abbildung oben links. Dabei war zu sehen, dass die Übereinstimmungen der Allele nur in den kleinen Werten der cM vorgekommen sind (Abbildung 3.26).

Im 59. Schritt erfolgte die Vorbereitung der getesteten Personen für ein hierarchisches Clustering. Hierbei wurden die Centimorgan-Werte aus allen vorhandenen Verwandtschaftsgraden sowie die Gesamtzahl der Einträge in der Spalte SNPs summiert. Das resultierende Clustering aus Schritt 60 zeigte in einer grafischen Darstellung von links nach rechts die Abstände der Verwandtschaftsgrade, wobei die Entfernung zwischen den Clustern den Grad der genetischen Ähnlichkeit widerspiegelte (Abbildung 3.27).

Das Diagramm veranschaulichte die unterschiedliche Verteilung der Ebenen zwischen den ausgewählten Personen, was auf ein komplexes Beziehungsmuster vermutlich hindeutete. Zudem zeigte es in einigen Fällen identische Distanzen zwischen bestimmten Personen.

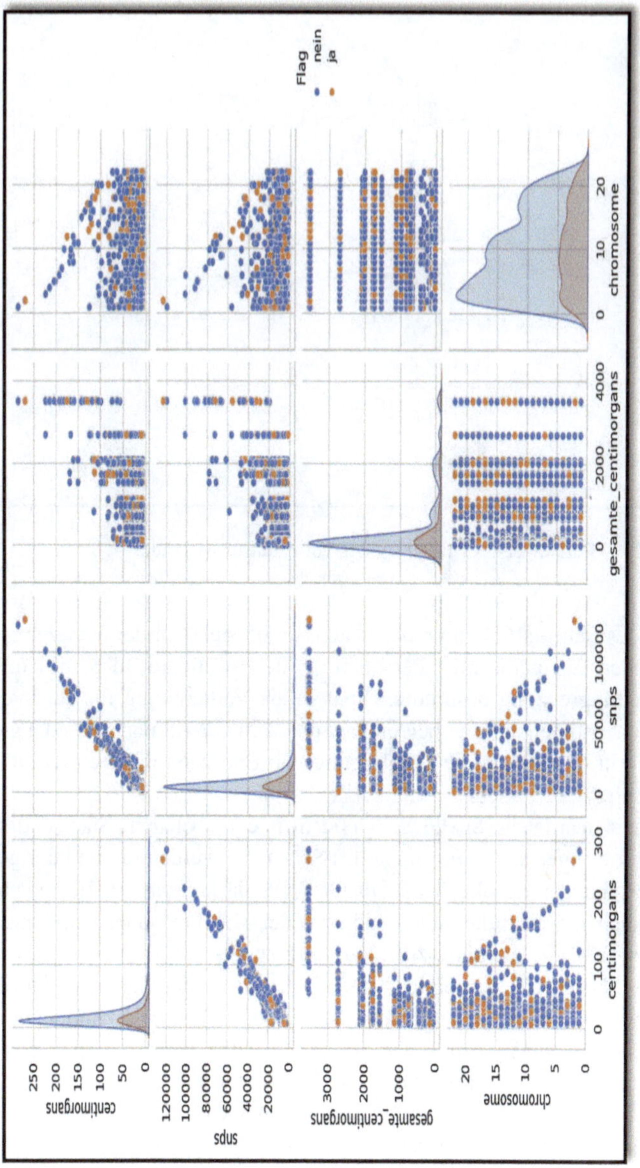

Abbildung 3.26 Beziehungen anhand vererbter und nicht vererbter Nukleinsäuren

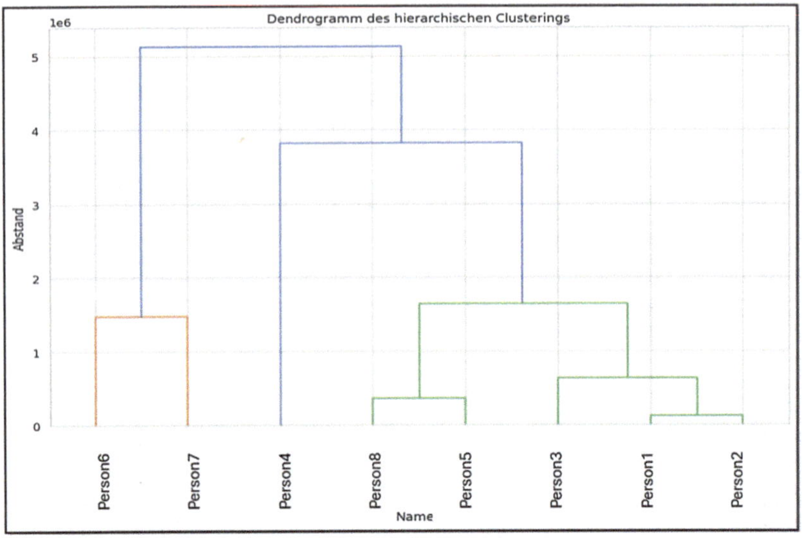

Abbildung 3.27 Hierarchisches Clustering der Verwandtschaftsgrade

Innerhalb des Schritts 61 wurde der Datensatz hinsichtlich der Vererbung von Allelen zwischen den gemachten Personen gefiltert, während im Schritt 62 der Fokus auf die Eingrenzung bestimmter Spalten als Vorbereitung für die Integration der Krankheitsdaten aus den beiden Datenbanken GWAS und SNPedia gelegt wurde. Im Schritt 63 erfolgte die Bereinigung von Einträgen mit leeren Zeilen in der Spalte result.

Im Schritt 64 wurde die Spalte Start rsid in rsid umbenannt. Start_rsid steht als Identifikator der getesteten Personen. Im Schritt 65 wurden die rsid der getesteten Personen mit der Krankheitsdatenbank SNPedia kombiniert. Entsprechend wurden im gleichen Schritt die rsid's (end rsid) der Matchpersonen mit derselben Datenbank verknüpft. Dies führte zur Erstellung zweier Dataframes.

merged_df_SNPEDIA_start enthielt genetische Daten der Testpersonen sowie Krankheitsdaten von SNPedia, und merged_df_SNPEDIA_end enthielt genetische Daten der Matchpersonen sowie Krankheitsdaten von SNPedia. Aus der Vereinigung der Daten konnten nur wenige Informationen gewonnen werden. Diese wiesen jedoch auf ein erhöhtes Risiko für Diabetes hin, welches bei einer der Testpersonen und der damit abgeglichenen Personen in der Realität vorhanden ist. In den Schritten 66, 70 und 71 wurde derselbe Prozess erneut durchgeführt, jedoch wurden hierbei die genetischen Daten der getesteten und gemachten Personen mit der GWAS-Datenbank verbunden. Daraus resultierten die DataFrames merged_df_start_rsid und merged_df_end_rsid. Die eine beinhaltete genetische Daten der Testpersonen sowie Krankheitsdaten von GWAS, während die andere genetische Daten der Matchpersonen sowie Krankheitsdaten von GWAS hatte.

In den Schritten 67 und 68 wurde der Datensatz merged_df_start_rsid dahingehend eingeschränkt, dass die Chromosomen-Daten übereinstimmten. Konkret bedeutete dies, dass die Werte in der Spalte chromosome aus dem genetischen Datensatz mit den Werten der Spalte CHR_ID (Chromosomen-ID) aus der GWAS-Datenbank innerhalb des Datensatzes merged_df_start_rsid verglichen wurden. Im weiteren Verlauf des Schrittes 68 wurde zudem eine Übereinstimmung der Allele überprüft. Dabei wurde im Schritt 69 festgestellt, ob die Allele der Testpersonen aus der genetischen Datenbank mit denen der Krankheitsrisikoallele übereinstimmten. Das Ziel war, Mutationen anhand von Allelen zu identifizieren. Die gleiche Vorgehensweise wurde in den Schritten 72, 73 und 74 für die rsid's der gemachten Personen angewendet.

Da sowohl die Test- als auch die Matchpersonen übereinstimmende Chromosomen- und Allelendaten aufwiesen, wurde eine hohe Vererbungswahrscheinlichkeit für Krankheiten angenommen, basierend auf der Übereinstimmung mit den Risikoallelen aus der Krankheitsdatenbank GWAS. Infolgedessen wurden die Daten der beiden Dataframes merged_df_start_end und merged_df_end_rsid zu einem einzigen Dataframe im Schritt 75 zusammengeführt. Im Schritt 76 wurden mögliche Krankheiten einmalig als Liste dargestellt.

In den Schritten 77 und 78 wurden Spalten hinzugefügt, um auf Chromosomenpositionen filtern zu können. Die im 79. und 80. Schritt erzeugte Heatmaps zeigten als Erstes die Beziehung zwischen Krankheiten, Risikoallelen sowie den Allelen 1 und 2. und zusätzlich als Zweites Krankheiten in Bezug auf Verwandtschaftsgrade. Aufgrund der Größe der Heatmaps ist es empfohlen, die Visualisierung (unter Abbildung 29 & 30 im elektronischen Zusatzmaterial einsehbar) zu betrachten.

Die Programmierung wurde mit einer Evaluationsumfrage im Rahmen der Studie beendet, deren Ergebnisse in einem separaten Kapitel aufgestellt wurden. Außerhalb des Rahmens wurde eine Basis für Vererbung der Augenfarbe von Forschungsstudien geschaffen. Dabei wurde ein Boxplot-Diagramm mit der Verteilung der zuständigen Gene aufgestellt. Auf dessen Ergebnis wird nicht eingegangen.

3.4 Evaluierungsumfrage

Wie im Kapitel Ergebnis dargestellt, wurde ein neuronales Netzwerk auf gelabelten Daten trainiert. Die Vorhersagen zum Verwandtschaftsgrad stützten sich auf die Ergebnisse eines festgelegten Regelwerks. Trotz der hohen Modellgenauigkeit von über 90 % konnte jedoch nicht abschließend bestätigt werden, dass die identifizierten familiären Beziehungen in allen Fällen korrekt waren. Aus diesem Grund wurde eine ergänzende Evaluationsumfrage durchgeführt. Die Umfrage wurde mit einem zweistufigen Fragedesign konzipiert, dass sowohl der Bestätigung des Verwandtschaftsstatus als auch der Erfassung von Informationen über das Vorhandensein bestimmter Krankheiten oder Merkmale innerhalb der familiären Strukturen dient.

Hierfür wurden die folgenden zwei Fragestellungen formuliert.

1. Ist der angegebene Verwandtschaftsstatus korrekt?
2. Ist das genannte Krankheits- oder Merkmalsbild innerhalb der familiären Strukturen bekannt?

Die Umfrage wurde anhand einer Stichprobe von etwa 50 Fällen aus dem Datensatz durchgeführt. Dabei wurden jene Fälle ausgeschlossen, in denen den Teilnehmern die abgebildeten Personen unbekannt waren. Diese Vorgehensweise dient insbesondere der Erhöhung der Validität der Antworten, da nur Fälle berücksichtigt wurden, in denen eine gewisse Bekanntschaft mit den abgebildeten Personen bestand. Das Ergebnis: In die endgültige Auswertung flossen bei der ersten Umfrage 28 von 50 und bei der zweiten nur 14 von 50 Fällen ein, wodurch sich die Größe der untersuchten Stichprobe erheblich verringerte.

Die Erhebung fand persönlich in häuslicher Umgebung statt. Jede Umfrage hat ca. zehn bis zwanzig Minuten gedauert. Die Umfrage wurde mittels Python getätigt und ausgewertet.

Die grafische Auswertung der Umfrage ermöglichte eine detaillierte Betrachtung der prozentualen Verteilung der Antworten auf die gestellten Fragen. Es zeigte sich, dass Verwandtschaftsbeziehungen mit einer Genauigkeit von etwa 60 % korrekt identifiziert wurden. Dies deutet darauf hin, dass ein erheblicher Teil der Befragten die familiären Zusammenhänge der abgebildeten Personen richtig erkannte. Andererseits gaben etwa 40 % der Befragten an, dass die angegebenen Verwandtschaftsbeziehungen falsch waren. Diese Diskrepanz warf interessante Fragen hinsichtlich der Wahrnehmung von Verwandtschaft und der Genauigkeit von Erinnerungen oder Assoziationen in solchen Umfragen auf. In Bezug auf die Frage nach familiären Erkrankungen zeichnete sich ein abweichendes Bild auf. Während die Mehrheit der Befragten angab, keine familiäre Vorbelastung hinsichtlich der untersuchten Krankheit zu haben, berichteten rund 40 % der Teilnehmer, dass diese Krankheit in ihrer Familie vorkommt.

Dies könnte auf verschiedene Faktoren hinweisen, etwa auf unterschiedliche Wahrnehmungen und Erfahrungen der Teilnehmer oder auf die Häufigkeit familiärer Erkrankungen, die möglicherweise in einem breiteren Kontext betrachtet werden sollten (Abbildung 3.28).

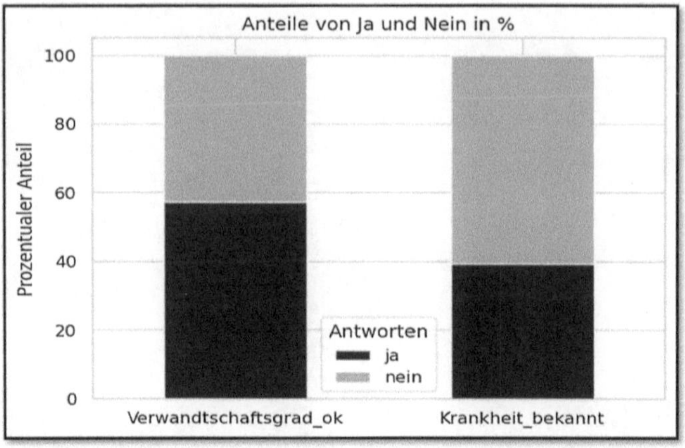

Abbildung 3.28 Anteile Umfrage auf Erkrankungen und Verwandtschaften in %

Eine weitere Umfrage aus einem neuen Lauf zeigte andere Ergebnisse. Die dazugehörige Darstellung ist unter Abbildung 31 (Abbildung 31 im elektronischen Zusatzmaterial einsehbar) zu finden. Die Ergebnisse deuteten darauf hin, dass der Anteil der Ja-Antworten über beiden Fragen weniger wurde und der von Nein höher war. Eine wissenschaftliche Quelle weist darauf hin, dass die Ergebnisse quantitativer Forschung nicht zwangsläufig in qualitative Analysen einfließen können, da eine potenzielle Verzerrung durch fehlerhafte oder ungenaue Antworten bestehen kann. In diesem spezifischen Fall scheint eine solche Verzerrung eingetreten zu sein. Folglich können die Ergebnisse der Evaluierungsumfrage nicht als valide Grundlage für eine Korrektur herangezogen werden und damit kann die Genauigkeit des Modells nicht bemessen werden.

Diskussion

4

4.1 Berichtserstattung

In diesem Kapitel wurden die erzeugten Ergebnisse diskutiert. Wie bereits im vorherigen Kapitel beschrieben, war die Verteilung der Mutationen deutlich aus Abbildung 3.2 ersichtlich. Es zeigte sich, dass die einzelnen Mutationen, oder sogenannten rsid's, unterschiedliche der Besetzungen der Allele auf den Chromosomen aufwiesen. Unter dem Begriff Single Allele sind nahezu ebenso viele Fälle wie unter diejenigen mit einer doppelten Allelenbelegung bzw. SNP gefallen. Insgesamt ließen sich etwa 50.000 Fälle identifizieren, in denen rsid's entweder zwei Allele (SNP) oder ein einzelnes Allel (Single Allele) vorlagen. Im dritten Balken war ein geringer Anteil zu erkennen, bei dem mehr als zwei Allele auf den Chromosomen aus verschiedenen Datensätzen verzeichnet wurden, was auf komplexe Mutationen hinweist könnte. Solche Fälle waren als seltene Mutationen zu klassifizieren.

Zur Analyse wurde zunächst ein Vergleich der Besetzungen der Allele auf Ihre Ähnlichkeit zwischen den Probanden durchgeführt, wobei der Jaccard-Index zur Anwendung kam. Die Ergebnisse dieser Analyse waren in Abbildung drei in Form einer Heatmap-Matrix dargestellt. Aus der Abbildung wurde ersichtlich, dass zahlreiche Verwandtschaftsbeziehungen durch den Wert eins in den Kacheln repräsentiert wurden. Ein Beispiel hierfür waren die Verwandtschaftsrelationen zwischen den Probanden eins und fünf, eins und vier, eins und zwei sowie zwei mit fünf, vier und drei. Es zeigte sich, dass die familiären Beziehungen zwischen

Ergänzende Information Die elektronische Version dieses Kapitels enthält Zusatzmaterial, auf das über folgenden Link zugegriffen werden kann https://doi.org/10.1007/978-3-658-50427-4_4.

G. Rabat, *Genetische Daten innerhalb einer Familie*,
https://doi.org/10.1007/978-3-658-50427-4_4

den Probanden eins bis fünf dichter ausgeprägt waren als die Beziehungen zu den Probanden sechs, sieben und acht.

Bei näherer Betrachtung ließ sich eine Verwandtschaft zwischen den Probanden sechs, sieben und acht feststellen. Zudem wies Proband sieben familiäre Bindungen zu Proband acht sowie zu Proband sechs auf, was gleichermaßen auch für Proband acht galt. Dennoch bot die Abbildung keine exakte Klassifizierung des Verwandtschaftsgrades, sondern basiert auf den Ähnlichkeiten der Spalten Allele1 und Allele2 wurde einen gegebenenfalls vorhandenen Grad mit der eins erklärt.

Außerdem war die Laufzeit der Programmierung durch die große Datenmenge lang. Im weiteren Verlauf der Studie wurde durch zusätzliche Methoden versucht, genauere Bestimmung der Verwandtschaft zu schaffen. Zunächst hat die Analyse der Chromosomen-Spalte ergeben, dass dort Informationen zu den X- und Y-Chromosomen enthalten waren. Gemäß der Literatur besitzt das männliche Geschlecht eine Kombination aus einem X- und einem Y-Chromosom, während Frauen zwei X-Chromosomen haben.

Daraus ergab sich unmittelbar, dass rsid's mit dem Wert Y in der Chromosomen-Spalte eindeutig männlichen Probanden zugeordnet werden konnten. Für rsid's mit dem Wert X lagen hingegen keine weiteren Informationen zum zweiten Geschlechtschromosomen vor.

Aus diesem Grund wurden rsid's mit einem X-Chromosom hypothetisch als weiblich klassifiziert. Es könnten aus der weiblichen Gruppe unter anderem Männer existieren, die aber anhand der Daten nicht erkennbar waren. Im Rahmen eines Prüfungsversuchs wurden die Daten der X- und Y-Chromosomen miteinander verglichen, um zu überprüfen, ob sich die Informationen gegenseitig ergänzt haben. Dabei wurde untersucht, ob die rsid's des X-Chromosoms auch im Y-Chromosom enthalten waren. Ziel dieses Vergleichs war es, Chromosomenkombinationen XX oder XY zu erstellen.

Es gelang jedoch nicht, auf dieser Grundlage das Geschlecht zu bestimmen, weshalb die entsprechende Programmierung aus dem Code entfernt wurde. Hinsichtlich der Geschlechterverteilung im Datensatz ließ sich mit Einbehalt feststellen, dass Frauen häufiger vertreten waren als Männer. Konkret ließen sich etwa 10.000 männliche Probanden sicher identifizieren, während die Anzahl der ggf. weiblichen Probanden bei rund 50.000 lag. Aus der Theorie haben Männer kürzere genetische Stellen auf dem X-Chromosom als Frauen, welche zu einem erhöhten Krankheitsübertragungsrisiko bei Frauen führen können. Die Prüfung der Allelenverteilung auf den Geschlechtschromosomen X und Y zeigte klare Unterschiede zwischen den beiden Chromosomen, insbesondere im Verhältnis der ersten (Allele 1) und zweiten Allele (Allele 2). In Abbildung 3.5 wurde deutlich, dass auf dem Y-Chromosom nur eine geringe Menge von Alleleninformationen vorlag, während auf dem X-Chromosom eindeutige Kombinationen der Allele A, C und G beobachtet werden konnten.

Dies zeigte darauf hin, dass die Allele 1 und 2 für verschiedene rsid's auf dem X-Chromosom unterschiedlich belegt waren. Für die Allele D, I und T belegte sich hingegen eine Besonderheit. Sie traten entweder gleichmäßig auf beiden Allelen (Allele 1 und 2) oder nur auf einem der beiden Allele (Allele 1 oder 2) auf. Im Gegensatz dazu fielen in Abbildung sechs Angaben zu den Allelen D und I auf dem Y-Chromosom.

Dies legte fest, dass diese Allele auf dem Y-Chromosom nicht vorhanden waren. Die restliche Verteilung ließ keine Kombinationen zwischen den beiden Allelen bei den Nukleinsäuren A, C, G und T erkennen. Die Gegenüberstellung der Allelfrequenzen auf den X- und Y-Chromosomen verdeutlichte zudem, dass auf dem Y-Chromosom zahlreiche Allel-Informationen vermisst oder unbekannt waren.

Im Gegensatz dazu war die Verteilung der Nukleinsäuren auf dem X-Chromosom signifikant höher. Auffällig war ebenfalls, dass die Häufigkeit der Nukleinsäuren G, C, A und T auf dem X-Chromosom etwa doppelt so hoch war wie auf dem Y-Chromosom. Diese Ergebnisse belegen die Angaben aus der Literatur, dass das Y-Chromosom keine Rolle in der Vererbung spielt. Laut theoretischen Annahmen zeigte sich der Effekt der Allele bei der Übertragung des Fragilen-X-Syndroms, wenn die Allele eine Häufigkeit von 50 bis 200 aufwiesen. Dieses Ergebnis konnte nicht überprüft werden, da für die einzelnen rsid's in den vorliegenden Daten keine zugehörigen Gensequenzen bereitgestellt wurden.

Basierend auf den vorliegenden Testdaten wurde eine Analyse der Positionsverteilung über verschiedene Chromosomen durchgeführt. Die Ergebnisse zeigten eine unterschiedliche Anzahl von Lücken innerhalb der DNA-Daten. Bei der Betrachtung der ersten Chromosomen wurde deutlich, dass die Positionsdaten dort in hoher Dichte vorlagen, während in den höheren Chromosomen eine geringere Belegung zu verzeichnen war. Zudem konnte festgestellt werden, dass Lücken auf den Chromosomen existierten. Dies deutete auf eine unvollständige Testung der gesamten Familie hin, da die vorliegende Untersuchung lediglich auf acht Personen beschränkt war. Um diese bestehenden Lücken vollständig zu schließen, sind umfangreiche zusätzliche Testungen erforderlich.

Dies lag außerhalb des Rahmens der vorliegenden Studie und war aufgrund der damit verbundenen hohen Kosten nicht durchführbar. Die theoretische Forschung beschrieb die Beziehungen zwischen Chromosomen und deren Positionen als zentrale Quelle für die Generierung genetischer Informationen.

Dabei wurde postuliert, dass eine höhere Dichte der Chromosomenbesetzung an bestimmten Positionen mit einer verstärkten Übertragung genetischer Merkmale und Krankheiten korrelierte. Diese Annahmen wurden durch eine Studie der Nature Publishing Group wissenschaftlich untermauert. Eine detaillierte Untersuchung der im Datensatz vorkommenden Nukleinsäuren auf den Chromosomen zeigte, dass die Nukleinsäure G am häufigsten im gesamten DNA-Rohdatensatz vertreten war. An zweiter Stelle folgte die Nukleinsäure C, gefolgt von A und T. Etwa 15.000 rsid's enthielten keine Informationen zu den Nukleinsäuren in den Allelen der Chromosomen.

Zusätzlich waren die Nukleinsäuren I und D mit geringerer Häufigkeit vertreten. Des Weiteren wurden im Datensatz rund 4.800 Einträge identifiziert, in denen in den Allel-Spalten der Wert Null vorlag. Hierbei blieb unklar, ob diese Null-Werte auf fehlende Daten oder auf nicht getätigte Angaben zurückzuführen waren. Aus der aktuellen Literatur ließen sich keine Null-Werte für Nukleinsäuren in Allelen bestätigen oder erklären. Falls die Null-Werte tatsächlich auf fehlende Nukleinsäuren-Angaben hindeuten, würde die Gesamtzahl der fehlenden Allele im Datensatz etwa 20.000 betragen. Die entsprechenden Werte waren in der sechsten Tabelle dargestellt.

In der neunten Abbildung wurde die Verteilung der Genotypen entlang der Chromosomen dargestellt. Es zeigte sich, dass die Anzahl der homogenen Genotypen, also Genotypen, bei denen in beiden Allelen dieselbe Nukleinsäure vorkommt, höher war als die der heterogenen Genotypen, bei denen die Allele unterschiedliche Nukleinsäuren aufwiesen. Die Chromosomen waren von links nach rechts in absteigender Reihenfolge von eins bis 23 angeordnet. Dabei zeigten die Chromosomen eins bis dreizehn die höchste Anzahl an Fällen der Genotypen. Für die Chromosomen 14 bis 23 ließ sich eine moderate Verteilung der Genotypen feststellen. Rechts in der Abbildung befanden sich die Chromosomen 27 und 28, die die Geschlechtschromosomen X und Y repräsentieren.

Die Häufigkeitsverteilung der Allele, die in der fünften und sechsten Abbildung dargestellt wurde, bestätigte die Ergebnisse für die Chromosomen 27 und 28.

Insbesondere im Y-Chromosom (28. Chromosom) ließ sich in der sechsten Abbildung erkennen, dass keine Überkreuzung der Allele auftrat. Dieses Phänomen wurde durch das Fehlen eines Balkens für die heterogenen Genotypen auf dem 28. Chromosom verdeutlicht. In der Theorie wurde ebenfalls der Einfluss von Genotypen als Krankheitsauslöser und Determinanten von Merkmalen hervorgehoben. Vorwiegend belegte es sich, dass bei einem homogenen Genotyp, dessen enthaltene Allele ein erhöhtes Risiko haben, die Übertragung von Krankheiten an die entsprechende Position verstärkt wird. Bei einem heterogenen Genotyp lag die Einflusswahrscheinlichkeit des Risikos bei einem 50 % 50 % Verhältnis, da die anderen Allele eine unterschiedliche zu den Risikoallelen war.

Das dargestellte Pair-Plot aus Abbildung Nummer zehn veranschaulichte die Beziehungen zwischen den Variablen Position, Chromosom und Genotyp und bot somit einen umfassenden Überblick über die Verteilungsmuster innerhalb des Datensatzes. Auf den Diagonalen des Diagramms waren die Dichtverteilungen der einzelnen Variablen separat dargestellt. Bei der Verteilung der Positionen zeigte sich, dass die Dichte der homozygoten Genotypen (blau) im Vergleich zu den heterozygoten Genotypen (orange) deutlich höher war, vornehmlich in den niedrigeren Positionsbereichen. Die Dichte der heterozygoten Genotypen blieb hingegen insgesamt geringer, verteilte sich jedoch über vergleichbare Positionen.

Eine ähnliche Beobachtung ließ sich bei der Verteilung der Chromosomen machen. Hier zeigte sich, dass die homozygoten Genotypen in den niedrigeren Chromosomennummern besonders häufig auftraten. Die Dichtkurven belegten somit eine klare Häufung der homozygoten Varianten im Vergleich zu den heterozygoten Varianten, wobei letztere ebenfalls in ähnlichen Bereichen aufkamen, jedoch in geringerer Anzahl. In den Streudiagrammen, die die Beziehungen zwischen den Variablen darstellten, wurden diese Muster weiter verdeutlicht. So zeigte die Abbildung der Positionen in Abhängigkeit von den Chromosomen, dass die Punkte, die die homozygoten und heterozygoten Genotypen repräsentierten, entlang der Chromosomen verteilt waren.

Dabei dominierte die Anzahl der homozygoten Genotypen, die über alle Chromosomen hinweg deutlich häufiger aufgetaucht sind.

Ein ähnliches Muster ergab sich in der Beziehung zwischen Chromosomen und Positionen (links unten). Hier wurde deutlich, dass niedrigere Chromosomennummern eine höhere Konzentration an Positionen aufwiesen, während die Verteilung der Punkte mit zunehmender Chromosomennummer abnahm. Das vorliegende horizontale Balkendiagramm veranschaulichte die zwanzig häufigsten Krankheiten bzw. Eigenschaften innerhalb eines bestimmten Datensatzes. Die x-Achse repräsentierte die jeweilige Anzahl der Einträge pro Krankheit oder Eigenschaft, während die y-Achse die entsprechenden Bezeichnungen aufführte. Auffällig war die Dominanz des Körpermassenindex (BMI), der mit einer Häufigkeit von über 60 Einträgen die Rangliste klar geleitet hat.

An zweiter Stelle folgte die Körpergröße, dicht gefolgt von Typ-2-Diabetes, welche jeweils etwa 50 bis 55 Einträge umfassten. Weitere Merkmale, die im oberen Bereich der Rangliste vertreten waren, umfassten unter anderem die eosinophile Zellzahl, die Thrombozytenzahl sowie den Hämatokritwert, die jeweils eine mittlere Häufigkeit hatten. In der Mitte des Diagramms fanden sich Eigenschaften wie Asthma, Menarche (Alter beim Einsetzen der Menstruation) sowie verschiedene spezifische Unterkategorien des Körpermassenindex, beispielsweise bei körperlich aktiven oder inaktiven Individuen. Diese Merkmale präsentierten eine moderate Anzahl von Einträgen, die sich im Bereich von etwa zehn bis fünfzehn bewegten. Im unteren Bereich der Rangliste nahm die Häufigkeit der Einträge sukzessive ab.

Hier waren Eigenschaften wie die Anzahl roter Blutkörperchen, der Eosinophilen-Prozentsatz der weißen Blutkörperchen, die Serumspiegel des VEGF-Proteins, Hodentumoren, die Hornhautresistenz sowie der Körpermassenindex im Kindesalter zu finden. Weitere Merkmale, wie das durchschnittliche Thrombozyten-Volumen, die Anzahl der Neutrophilen, die TSH-Hormonspiegel (Thyreotropin), der Körperfettanteil und die Hämoglobinkonzentration, bewegten sich im unteren Häufigkeitsbereich.

Am unteren Ende der Rangliste erschienen Eigenschaften wie die Spiegel von programmierten Zelltod-Liganden 2, die Dicke der Hornhaut, die Serumspiegel der alkalischen Phosphatase sowie systemischer Lupus erythematodes. Diese Merkmale zeigten lediglich eine geringe Anzahl von Einträgen auf, die jeweils unter zehn lagen. Dabei musste erwähnt werden, dass der Body-Index zweimal in der Abbildung vorkam. Der Unterschied war die hinzugefügte Kürzung MTAG. Um eine Datenmanipulation zu vermeiden, wurde dieses Merkmal so gelassen wie im Ursprung. Die Analyse zeigte, dass einige wenige Eigenschaften die Häufigkeitsverteilung dominierten, während die Mehrheit der Merkmale vergleichsweise selten auftrat. Ein zusätzlicher Fokus der Untersuchung lag auf der Analyse von Autismus-Fällen, die ohne spezifische Filterung nach chromosomenbasierten Informationen wie Position und Allelen identifiziert wurden. Dabei konnten etwa 57 Fälle von Autismus ermittelt werden. Eine der Testpersonen, die Mutter zweier autistischer Kinder, wurde untersucht, um festzustellen, ob sie als Trägerin der Erkrankung infrage kommt. Die genomischen Daten der Mutter zeigten jedoch keinerlei Hinweise auf eine genetische Übertragung.

Nach Anwendung der Filterkriterien waren die 57 Autismus-Fälle nicht mehr im Datensatz auffindbar. Dies ließ vermuten, dass die Vererbung der Krankheit vermutlich auf bislang ungetestete Personen zurückzuführen ist. Besonders naheliegend war hierbei die Annahme, dass fehlende Testdaten des Vaters eine entscheidende Rolle spielen könnten. Es war zu betonen, dass daraus keine absolute Risikowahrscheinlichkeit von 100 % abgeleitet werden konnte. Im weiteren Verlauf der Untersuchung ließ sich vermuten, dass durch die Einbindung detaillierter Chromosomendaten über den Chromosomenbrowser und der vorhergesagten Verwandtschaftsgrade präzisere Ergebnisse erzielt und ein Wissensstand erreicht werden konnte, welches ohne weitere medizinische und genetische Fachhilfe nur als Vermutung im Raum stand und nicht bestätigt werden konnte. In dem Graphen Nummer zwölf wurden die Zusammenhänge zwischen den Variablen Chromosom, Position, MAF und den erfassten Krankheiten untersucht. Der Fokus lag dabei auf der Identifikation von Abhängigkeiten und Mustern hinsichtlich der Krankheitsverteilung. Die Abbildung verdeutlichte, dass der Großteil der identifizierten Krankheiten auf den Chromosomen eins bis zehn sowie zwölf lokalisiert war.

Dabei waren die Positionen der betroffenen Regionen zwar über die Chromosomen verteilt, jedoch zeigte sich eine auffällige Häufung in den Anfangsbereichen der Chromosomen. Die Verteilung der Positionen auf den Chromosomen eins bis fünf konzentrierte sich primär auf kleinere Wertebereiche, während auf dem neunten Chromosom eine vergleichsweise breitere Streuung der Positionen erkennbar war. Ein weiterer Schwerpunkt der Analyse lag auf der Betrachtung der MAF-Werte, die Rückschlüsse auf den Genotyp ermöglichten. Ein MAF-Wert von eins weist auf übereinstimmende Allele (homogener Genotyp) hin, während ein Wert von null Komma fünf auf unterschiedliche Allele (heterogener Genotyp) deutete. Die Verteilung der homogenen und heterogenen Genotypen zeigte ein ähnliches Muster in Bezug auf die Krankheitshäufigkeit. Da einige Krankheiten laut aktuellen Studien mit bestimmten Risiko-Allelen assoziiert waren, könnte ein MAF-Wert von eins – also das Vorliegen von Risiko-Allelen in beiden Allelen auf eine erhöhte Anfälligkeit für die jeweilige Erkrankung hinweisen.

Im Anschluss wurde der Datensatz auf Korrelationen zwischen den Variablen untersucht. Dabei konnten keine signifikanten Korrelationen oder Relationen zwischen den betrachteten Variablen Chromosomen, Allelen, Positionen, Genotypen und der Krankheitsbeschreibung festgestellt werden, welches die Zusammenhänge der genetischen Daten mit den Krankheitsbildern nicht unbedingt bestätigen konnte. Für die Analyse wurden unter anderem Krankheitsdaten aus der Datenbank SNPedia herangezogen. Lediglich konnte eine Relation zwischen der MAF und den Genotypen identifiziert werden. Ebenfalls konnte keine Relation zwischen den Krankheiten und den Genomdaten festgestellt werden. Im Rahmen der Analyse wurde, wie zuvor beschrieben, eine zweite Datenbank mit krankheitsbezogenen Informationen integriert. Diese konnte jedoch nicht in allen Fällen eindeutige Merkmale oder klar definierte Krankheitszuordnungen liefern. Beispielsweise wurde in einigen Fällen ein Zusammenhang mit Leukämie identifiziert, wobei 35 entsprechende Einträge vorlagen. Die verfügbaren Daten könnten Hinweise darauf geben, dass genetische Faktoren möglicherweise mit einem erhöhten Risiko für Leukämie assoziiert sind. Jedoch ließ sich daraus keineswegs ableiten, dass alle Individuen mit diesen genetischen Merkmalen tatsächlich an Leukämie erkranken.

Im Vergleich zu der Realität waren zahlreiche Familienmitglieder entweder an Leukämie erkrankt oder verstorben. Was der Hintergrund der Untersuchung nach Leukämie begründete. Für eine derartige Schlussfolgerung wären umfassendere genomische Daten erforderlich.

Eine erneute Analyse der Allele zeigte, dass die Nukleinsäuren G und C in den SNPedia-Daten signifikant häufiger vorkommen als A und T. Dieses Ergebnis könnte auf spezifische Muster in der Sequenzverteilung oder auf eine Präferenz in den untersuchten genetischen Variationen hinweisen, die in SNPedia dokumentiert wurden. Die in Abbildung 3.15 dargestellte explorative Analyse über die Kombinationen der Allelen bot wichtige Einblicke in die Verteilung und Häufigkeit der Genotypen innerhalb des Datensatzes an. Die Ergebnisse zeigten, dass homogene Genotypen wie CC, TT, GG und AA am häufigsten auftraten, was möglicherweise auf stabilere genetische Kombinationen oder auf einen höheren Selektionsvorteil dieser Varianten hindeuten könnte.

Unter den heterogenen Genotypen war AG am häufigsten vertreten, gefolgt von TC und CT. Dies könnte darauf hinweisen, dass bestimmte Kombinationen von Allelen eine besondere biologische Relevanz oder eine erhöhte Prävalenz in der Population haben. Interessanterweise zeigten Genotypen wie AC, GT, CG, GC und II eine deutlich geringere Häufigkeit, was möglicherweise auf eine geringere funktionelle Bedeutung oder niedrigere Selektionsvorteile hinwies. Diese Verteilung bot Ansatzpunkte für weiterführende Untersuchungen, um die genetischen, phänotypischen oder evolutionären Ursachen dieser Häufigkeiten zu analysieren. Darüber hinaus könnten seltene Genotypen von besonderem Interesse sein, da sie potenziell mit spezifischen genetischen Erkrankungen oder einzigartigen Merkmalen assoziiert sein könnten. Diese Untersuchung wird den Rahmen dieser Studie sprengen, deswegen blieb das Thema als Erweiterungsmöglichkeit. Im folgenden Abschnitt wurden die Clustering-Ergebnisse interpretiert. In Übereinstimmung mit dem Kapitel Ergebnisse wurden zwei Modelle trainiert, deren Resultate jedoch keinen signifikanten Unterschied aufwiesen, da der Silhouette-Koeffizient konstant bei etwa 0,63 lag. Ein Wert in diesem Bereich gilt gemäß einer berücksichtigten Quelle als Indikator für eine zufriedenstellende Clusterverteilung, was auf eine angemessene Qualität des Modells hinzeigte.

Die Analyse der Features ergab, dass die Einbeziehung der Spalten für die ersten und zweiten Allele in Kombination mit Chromosom, Position und Genotyp suboptimale Ergebnisse lieferte. Dies führte zur Ausgrenzung der Allelenspalten im Rahmen des Feature-Engineerings.

Die Ergebnisse der Algorithmen K-Means und DBSCAN zeigten dabei keine Unterschiede, was ihre gleichwertige Eignung unterstrich. Angesichts der großen Datenmenge könnte der HDBSCAN-Algorithmus als Erweiterung sinnvoll sein, da er effektiv mit Ausreißern umgehen kann. Da jedoch der aktuelle Koeffizient-Wert über 0,50 lag und die Ergebnisse durch explorative Methoden bestätigt wurden, wurde diese Option vorerst nicht weiter verfolgt. Die abschließende Visualisierung erfolgte unter Verwendung des DBSCAN-Algorithmus und verdeutlichte die Prävalenz homozygoter Genotypen, wie bereits in den vorherigen explorativen Analysen beobachtet wurde.

Nach dem Clustering wurde ein neuronales Netzwerk unter Verwendung von Chromosomen-Browser-Daten trainiert, mit dem Ziel, den Verwandtschaftsgrad zu bestimmen. Zu diesem Zweck wurden die Intervallgrenzen des The Shared CM Projekts herangezogen. Eine detaillierte Analyse der Grenztabelle ergab, dass sich die Intervalle in zahlreichen Fällen von Verwandtschaftsgraden überschneiden. Dies verdeutlichte, dass trotz der hohen Modellgenauigkeit fehlerhafte Verwandtschaftsbeziehungen prognostiziert wurden. Analog zum Clustering-Prozess fanden die Spalten für Chromosomen, Positionen und Centimorgans Berücksichtigung.

Die Reduktion der Spalten auf die Gesamtanzahl der cM führte jedoch zu einer verbesserten Leistung der Vorhersage, wie durch die Confusion-Matrix belegt wurde, wobei die Mehrheit der Verwandtschaftsbeziehungen vom neuronalen Netzwerk nach dem Regelwerk korrekt erkannt wurde. Die Matrix zeigte, dass die meisten Verwandtschaftsbeziehungen entsprechend den gegebenen Werten vor dem Trainieren gleich waren. Allerdings wurde die Verwandtschaft 4. Grad Cousin/Cousine 1. Grad entfernt nicht für alle Fälle richtig vorhergesagt. Die Vorhersage zwischen den letzten zwei Modellen unterschied sich minimal voneinander, deswegen wurde das letzte Modell angewendet.

Das Modell wurde unter der Bezeichnung model_1 gespeichert. Eine spezifische Analyse der Eltern-Kind-Beziehungen zeigte, dass diese Beziehungskategorie am präzisesten vorhergesagt wurde, was auf die hohe Gesamtanzahl der cM zurückzuführen war. Die Genauigkeitswerte der Trainingsversuche lagen sequenziell bei 80 %, 85 %, 86 % und 91 %. Das Modell unter dem Namen model_1 bzw. y_pred_1 mit einer Genauigkeit von 91 % wurde für die Vorhersage auf einem zusätzlichen Datensatz angewendet, dessen Verwandtschaftsgrad unbekannt war. Zusammenfassend zeigte sich, dass das CM Shared Project ein zentrales Problem in der unzureichenden Klarheit und Präzision der Informationen zu familiären Beziehungen hatte. Um den Einfluss des Problems mit den fehlerhaft vorhergesagten Verwandtschaftsgraden zu minimieren, wurde die Zuweisung im Regelwerk angepasst, indem der Durchschnitt der minimalen und maximalen Grenzen des jeweiligen Verwandtschaftsgrades berücksichtigt wurde.

Diese Maßnahme führte jedoch nur zu einer teilweisen Verbesserung, da die berechneten Durchschnittswerte ebenfalls eng beieinanderlagen und somit die ursprüngliche Unschärfe nicht vollständig beseitigen konnten. Dennoch wichen diese Ergebnisse erheblich von den tatsächlichen Verwandtschaftsgraden ab. Die erzielte Genauigkeit mag zwar mit den vorliegenden Daten konsistent sein, doch es war zu beachten, dass das Modell auf einem Datensatz trainiert wurde, der eine höhere Fehlerquote aufwies als die aktuell vorliegenden Daten. Dies deutete darauf hin, dass die Qualität der Trainingsdaten maßgeblich die Verlässlichkeit der Vorhersagen beeinflusste. Hierbei ließ sich hinterfragen, ob eine weitere analytische Methode eine bessere Lösung anbietet. Beispielsweise könnte die multidimensionale Skalierung (MDS) infrage kommen.

Nach dem Hochladen des neuen Datensatzes und der Berechnung der Summen wurde das ausgewählte Modell zur Vorhersage der Beziehungen in dem neuen Datensatz eingesetzt. Eine Überprüfung zeigte, dass 0,00 % der Fälle nicht vorhergesagt wurden. Dies implizierte jedoch nicht zwangsläufig, dass das Modell in 100 % der Fälle wahrheitsgemäße Vorhersagen getroffen hat. Aus diesem Grund wurde, wie im weiteren Verlauf erläutert, eine Validierung des Modells mittels einer in Python implementierten Umfrage durchgeführt. Die Analyse der Konfusionsmatrix verdeutlichte Probleme bei der Vorhersage bestimmter Verwandtschaftsgrade.

So ließ sich entnehmen, dass Fälle aus der Klasse 4. Grade Cousins/Cousinen 1. Grad entfernt um einen Grad abweichen und Fälle aus der Klasse Cousins/ Cousinen 5. Grades unzureichend vorhergesagt wurden oder in einigen Fällen gar keine Vorhersagen erfolgten.

Eine Überlegung bestand darin, benachbarte Verwandtschaftsgrade und Intervalle zusammenzuführen, um die Vorhersagen zu vereinfachen. Dies konnte jedoch keine eindeutigen Ergebnisse liefern. Eine ähnliche Methode befand sich auf der Webseite DNA Painter, wo für jede Angabe alle möglichen Ergebnisse angezeigt werden. Dieses Vorgehen entsprach nicht dem Ziel der vorliegenden Studie. Zudem fehlt es an der notwendigen fachlichen Expertise, um die Intervallgrenzen präzise anzupassen oder zu modifizieren. Unabhängig davon war ein bemerkenswertes Phänomen zu beobachten.

Die fehlerhaften Vorhersagen des Modells hinsichtlich der Verwandtschaftsgrade schienen dennoch auf tatsächliche familiäre Zusammenhänge hinzudeuten.

So ließ sich erkennen, dass die inkorrekt zugewiesenen Verwandtschaftsgrade häufig in einem nachvollziehbaren genealogischen Kontext stehen. Beispielsweise könnte eine als Tante klassifizierte Person in Wirklichkeit ein Cousin sein, wobei jedoch die Mutter des Cousins tatsächlich die Tante der getesteten Person ist. Dieses Muster deutete darauf hin, dass die Vorhersagen des Modells zwar nicht immer exakt waren, aber in ihrer genealogischen Logik nicht völlig zufällig vorkamen. Die Ergebnisse des neuronalen Netzes wurden in Form eines Familienstammbaums visualisiert. Dieser Baum stellt die Beziehungen zwischen Teilen der getesteten Personen dar, wobei diese als zentrale Knotenpunkte (Hauptknoten) mit weiteren Beziehungen verbunden waren. Jede der dargestellten Personen wies Übereinstimmungen (Matches) auf, die durch Linien (Kanten) und umliegende Punkte (Knoten) visualisiert wurden. Die Hauptpersonen fungierten als Hauptknoten innerhalb der Struktur. Der Baum berücksichtigte ausschließlich den Datensatz, auf dem das Modell trainiert wurde, wodurch nicht alle möglichen Beziehungen sichtbar waren. Nach der Ergänzung der Daten zeigte Abbildung 3.22 die Verdichtung der Beziehungen. Dabei wurde ein Problem festgestellt, dass die farblich markierten Personen eine Farbe nach dem Farbschema aufwiesen, wobei sie verschiedene zahlreiche Beziehungen zu anderen Knoten hatten.

An der Stelle war es schwer, diese Farbschemata sinnvoll einzusetzen, welches eine eindeutige Beziehung darlegte. Dieser Ansatz präsentierte die gerichtete Darstellung der Datenpunkte. Es wurden verschiedene Anpassungen vorgenommen, um die Darstellung in eine ungerichtete Form zu bringen. Also wurden die Beziehungen zwischen den Konten in beiden Richtungen abgebildet.

Zwar ließ sich feststellen, dass diese Änderungen tendenziell weniger Übersichtlichkeit anboten, jedoch lieferte die Abbildung 30 einen umfassenderen Überblick über die Beziehungen und wies den Endbeziehungen eindeutige Farben zu, wodurch die Differenzierung zwischen den verschiedenen Beziehungstypen erleichtert wurde. Mit der Abbildung 30 lassen sich nur einmalige Beziehungen pro Kante zeigen, deswegen ist die Anzahl der Kanten exponentiell gestiegen. Zu den Koten konnten die hinzugefügten Kästchen wichtige Informationen über die Beziehungen wiedergeben, die in vorheriger Darstellung nicht angegeben waren.

Die statistische Auswertung der genetischen Daten aus Schritt 54 zeigte eine breite Verteilung über alle Chromosomen hinweg, mit einem Schwerpunkt im mittleren Bereich. Die genetischen Abschnitte, gemessen in Start- und Endpositionen, variierten stark, was auf die Analyse unterschiedlich großer Regionen hindeutete. Die durchschnittliche genetische Distanz betrug 18,63 cM, wobei einige Abschnitte bis zu 284,3 cM lang waren. Auch die Anzahl der SNPs pro Abschnitt zeigte erhebliche Unterschiede, mit Werten zwischen 1024 und 123,135.

Besonders auffällig war die große Spannweite bei der gesamten genetischen Distanz pro Probe. Während der Durchschnitt bei 382,89 cM lag, erreichten einige Proben bis zu 3542 cM. Diese hohe Streuung deutete auf eine Vielfalt genetischer Abschnitte hin, die sowohl kürzere als auch deutlich längere Regionen umfassten. Insgesamt zeigten die Daten eine erhebliche Heterogenität, was die Komplexität der genetischen Analyse hervorhob. Im Hinblick auf die genannten statistischen

Daten zeigte die Abbildung aus dem Schritt 55, dass die Centimorgan-Werte in den niedrigen Bereichen am häufigsten auftraten. Dies bestätigte die Verteilung der Werte, die im paarweisen Graphen der Abbildung 3.26 dargestellt wurde.

Basierend auf der Spalte Centimorgans wurde die Spalte gesamt_centimorgans als Grundlage für die Vorhersage von Verwandtschaftsgraden erstellt. Die Abbildung aus Schritt 56 verdeutlichte, dass eine Vielzahl von Personen der Verwandtschaftsgruppe 1. Grad Cousin/Cousine in dem definierten Bereich lagen. Daher nahm dieser Verwandtschaftsgrad den höchsten Platz ein, mit der größten Anzahl an Fällen und einem durchschnittlichen Gesamtwert von cM zwischen 1000 und 1500 cm.

Weitere Verwandtschaftsgruppen wie Urgroßeltern, Urgroßtanten/Onkel und Großeltern traten gleichmäßig auf. Im Gegensatz dazu gab es weniger Fälle in den anderen Verwandtschaftsgraden, was darauf hindeutete, dass in dem Datensatz weniger Fälle für diese Beziehungen vorhanden waren oder dass die Fälle fehlerhaft anderen Klassen zugeordnet wurden. Die Abbildung zeigte kaum Ausreißer, was als mögliche Validierung für das Modell interpretiert werden konnte. Es war jedoch zu beachten, dass Überschneidungen zwischen Urgroßeltern und Urgroßtanten/Onkel bestehen könnten, da diese auf gleicher Ebene dargestellt wurden.

Ohne eine genauere Untersuchung, etwa durch eine Umfrage, ließ sich daher nicht sicher sagen, ob diese Beziehungen korrekt zugeordnet wurden. Ebenso konnten die Fälle der anderen Verwandtschaftsgrade, die auf beiden Seiten des Graphen ähnliche Höhen aufwiesen, eine Unsicherheit hinsichtlich ihrer Zuordnung darstellen. Generell könnte nach der Berücksichtigung des Alters angenommen werden, dass eine Match-Person mit dem Verwandtschaftsgrad Tante älter ist als die getestete Person. Diese Annahme lässt sich jedoch nicht universell anwenden, da in seltenen Fällen die Tante jünger sein könnte als die betrachtete Person. Vorausgesetzt ist die Altersangabe in den Datensätzen vorhanden, was nicht der Fall war. Beachtlich wurden Eltern/Kind-Beziehungen aufgrund des großen eindeutigen Abstands in den cM richtig getroffen. Die im Schritt 57 dargestellte Verteilung verdeutlichte, dass eine geringere Anzahl von Personen gemeinsame Allele hatte, während die Mehrheit der Individuen keine Übereinstimmung in den Allelen zeigte. Dieses Muster könnte auf einen möglichen Übertragungsmechanismus hinweisen, bei dem genetische Merkmale zwischen der getesteten Person und den Match-Personen geteilt werden.

Der hierarchische Clustering-Ansatz sollte die Ähnlichkeiten zwischen den Personen visualisieren. Die resultierende Clusterstruktur zeigte eine hohe Ähnlichkeit zwischen Person1 und Person2, die auf der gleichen Ebene gruppiert waren. Ein weiterer enger Zusammenhang bestand mit Person3. Im Gegensatz dazu waren Person8 und Person5 auf einer tieferen Ebene. Dies deutete darauf hin, dass Person8 und Person5 in höherem Maße Ähnlichkeiten zu Person1 und Person2 aufwiesen. Die Tatsache, dass Person8 der Sohn von Person1 ist, bestätigte diese Ähnlichkeit. Auf der linken Seite des Graphen waren Person7 und Person6 sichtbar. Person7, die Schwester von Person1, befand sich in einem Cluster, dessen Abstand zu Person1 nicht vollständig erklärt werden konnte. Im Vergleich zu den anderen Personen stach Person4 hervor, da sie am weitesten von den anderen entfernt war, was mit der tatsächlichen Realität übereinstimmt. Denn Person4 ist eine entfernte Cousine von Person1 und Person7. Dabei ist zu erwähnen, dass Person5 nah zu Person6 und Person7 liegt, denn sie die Tochter der beiden ist.

Nach der Vorhersage des Verwandtschaftsgrads mittels neuronaler Netzwerke erfolgte die Integration des Datensatzes mit dem GWAS-Datensatz. Wie im Kapitel Ergebnisse dargelegt, wurden im Rohdatensatz die übereinstimmenden Fälle zwischen der getesteten Person und den entsprechenden Matchpersonen identifiziert. Dabei wurde jedoch eine Einschränkung hinsichtlich der möglichen Vererbung vorgenommen, die auf der Übereinstimmung von Allelen, Chromosomen und Positionen basierte. Es wurde angenommen, dass bei einer Verwandtschaft der beteiligten Personen und einer Übereinstimmung der Allele entweder die getestete Person aus der Spalte name oder die Matchperson aus der Spalte match name dasselbe Allel im GWAS-Datensatz hatte, welches mit einem bestimmten Krankheitsrisiko assoziiert war. Auf diese Weise konnte die Krankheitsvererbung ermittelt werden. Dieser Vererbungsmechanismus wurde theoretisch durch eine Quelle untermauert, die auf die Rolle der Allele bei der Krankheitsübertragung hinwies. Zusätzlich der GWAS Datenbank wurde eine Anbindung an die SNPedia-Datenbank implementiert. Dieser Prozess lieferte zwar nur eine begrenzte Menge medizinischer Informationen, jedoch deuteten die erhaltenen Daten auf ein erhöhtes Risiko für Diabetes hin, das sowohl bei einer der getesteten Personen als auch bei den damit verglichenen Personen in der Realität festgestellt wurde.

Nach Anwendung verschiedener Filterverfahren auf Allele, Positionen, Chromosomen und rsid's wurden zwei Heatmaps erstellt. In der ersten Heatmap wurden die Krankheitsbilder in Bezug auf die Allele A, C, G und T dargestellt. Es wurde ein Verfahren angewendet, bei dem das Risiko einer Krankheitsübertragung als erhöht angenommen wurde, wenn eines der Allele ein Risikoallel ist. Zudem wurde berücksichtigt, dass das Krankheitsrisiko höher ist, wenn das Risikoallel in beiden Allelen vorkommt. Die Heatmap zeigte, dass die Allele C und T eine bedeutende Rolle bei der Übertragung von Diabetes spielten. Das Allel C wies zudem in einigen Fällen einen starken Einfluss auf die Nervosität auf. Die

Analyse mit einer weiteren Datenbank bestätigte die Assoziation von Diabetes mit denselben Kombinationen der Allelen.

Darüber hinaus konnte eine Beziehung zwischen den Allelen C und T in verschiedenen Krankheitsbildern nachgewiesen werden, insbesondere in Verbindung mit Diabetes, Proteinspiegeln im Blut und dem Proteingehalt im Serum (in Zellen und neuronalen Prozessen). Das Allel G stand in Zusammenhang mit dem Blutzuckerspiegel im nüchternen Zustand (Fasting Plasma Glucose). Das Allel C zeigte eine mögliche Verbindung mit Endometriumkarzinom (Gebärmutterkrebs), während das Allel T mit der Entwicklung und Übertragung von Brustkrebs assoziiert war.

In der letzten Abbildung wurde der Verwandtschaftsgrad einbezogen, um zu analysieren, aus welchen familiären Beziehungen die Krankheiten übertragen wurden. Die Abbildung besagte, dass die Urgroßeltern eine Rolle bei der Übertragung von Enzymen spielten. Diese Enzyme sind Teil des Abwehrsystems gegen reaktive Sauerstoffspezies und waren unter dem Namen Gamma-Glutamyltransferase Level in der Abbildung zu finden. Zudem ergab die Analyse eine geringe Übertragung des Brustkrebses von den Urgroßeltern, was bestätigt werden konnte, weil diese Krankheit bereits innerhalb der Familie aufgetreten ist. Es kann jedoch nicht unmittelbar auf die weitere betroffenen Personen geschlossen werden, da relevante medizinische und genetische Daten fielen. Des Weiteren wurde der BMI im Falle von Cousins/Cousinen 3. Grades als durchschnittlich übertragbar identifiziert. Dieses Merkmal ist in der medizinischen Analyse auf die Testrohdaten ebenfalls aufgetreten. Weitere Übertragungsmuster waren auch in der Heatmap sichtbar.

Die Evaluierungsumfrage hat gezeigt, dass die Antworten zu den Verwandtschaftsverhältnissen und Erkrankungen unterschiedlich ausfielen. Die Mehrheit der Teilnehmenden stimmte der Richtigkeit der bekannten Verwandtschaftsverhältnisse zu, während die Mehrheit bei der Frage nach den familiären Erkrankungen mit Nein antwortete. Trotz des hohen Anteils an korrekten Vorhersagen und der Anwendung eines festen Regelwerks deutete die Tatsache, dass etwa 40 % der Verwandtschaftsbeziehungen als falsch definiert wurden, auf eine signifikante Unsicherheit hin. Diese hohe Fehlerquote konnte im Rahmen der vorliegenden Daten nicht wesentlich verbessert werden. Dennoch könnte eine ergänzende Studie zur Optimierung der Fehlerquote führen, wenn zusätzliche Datenquellen erschlossen oder alternative, unterstützende Ansätze in Betracht gezogen werden. Hinsichtlich der Fragen zu den familiären Erkrankungen waren die Antworten ebenfalls nicht in allen Fällen korrekt oder bekannt.

Ein möglicher Erklärungsansatz für diese Unsicherheit ließ sich in der Unklarheit über weitläufige familiäre Beziehungen erklären, insbesondere bei entfernteren Verwandtschaftsgraden, zu denen die Teilnehmenden möglicherweise keinen regelmäßigen Kontakt haben.

4.2 Kritische Betrachtung

Die vorliegende Untersuchung wurde im Rahmen eines praxisorientierten Experiments durchgeführt und zeigt sowohl methodische Stärken als auch signifikante Schwächen auf. Diese kritische Auseinandersetzung beleuchtet zentrale Herausforderungen der Studie und deren Relevanz für diese medizinische Forschung. Auf Basis dieser Analyse wird eine Forschungsfrage abgeleitet, die auf eine Verbesserung der methodischen Herangehensweise abzielt. Diese wurden in Themengebiete aufgeteilt und vorgelegt.

Datenstruktur und Analyse:

Die Komplexität der erhobenen genetischen Daten stellte eine erhebliche Herausforderung dar. Die initiale Analyse wurde durch die Notwendigkeit umfangreicher Vorarbeiten zur Entschlüsselung der Datenstruktur verzögert.

Dokumentationslücken:

Die unzureichende Dokumentation der Anbieter über die Herkunft und Struktur der bereitgestellten Daten führte zu Unsicherheiten bei der Interpretation und erschwerte die Analyse erheblich.

Automatisierung und Effizienz:

Die automatisierte Extraktion von Daten aus Chromosomenbrowsern erwies sich als ineffizient. Manuelle Eingriffe waren erforderlich, da geeignete Programmierschnittstellen (APIs) fehlten, was die Datenerhebung schwer beeinträchtigte. Auch mit Web-Scraping wurde der Zugriff für 24 Stunden gesperrt. Ebenfalls ist das Problem bei der SNPedia Datenbank aufgetaucht.

Rechenkapazitäten:

Die Verarbeitung großer Datenmengen überstieg die verfügbaren Rechenressourcen von privaten Endgeräten. Auch bei der Nutzung von Cloud-Diensten wie Google Colab wurden technische und kapazitive Grenzen deutlich, was die Analyse verzögerte und die Ergebnisse beeinflusste. Das hat die Buchung stärkerer Rechenkomponenten verursacht, die mit Kosten verbunden waren.

Validierungsdaten:

Der Mangel an zusätzlichen genetischen Daten zur Validierung von Krankheiten führte zu einer eingeschränkten Aussagekraft der Ergebnisse. Ohne diese Überprüfung blieb die Belastbarkeit der Befunde begrenzt.

Fachliche Expertise:

Ein Großteil des benötigten Wissens wurde erst während der Studie erworben. Dies verdeutlicht den Bedarf an interdisziplinären Teams, die Expertise aus Genetik, Informatik und Medizin integrieren.

Probleme bei Verwandtschaftsanalysen:

Die Analyse von Verwandtschaftsbeziehungen wurde durch sich überschneidende Intervalle und unpräzise Regelwerke erschwert. Dies führte zu Inkonsistenzen in der Einordnung von Verwandtschaftsgraden und beeinträchtigte die Modellgenauigkeit.

Medizinische Kontextualisierung:

Der begrenzte Zugriff auf relevante medizinische Studien erschwerte die Einbindung von klinischem Wissen in die genetische Analyse. Die Verknüpfung genetischer Varianten mit spezifischen Krankheiten wie Diabetes oder Krebs blieb unvollständig.

Kosten und technische Hürden:

Hohe Kosten für Software, Rechenressourcen und Datenzugang sowie technische Einschränkungen kostenpflichtiger Plattformen wie Google Colab stellten zusätzliche Barrieren dar. Sitzungsunterbrechungen führten zu Datenverlusten und erhöhtem Arbeitsaufwand.

Familiäre, nicht bekannte oder enge Beziehungen:

Es war herausfordernd, alle Personen in der Umfrage zu erkennen. Denn weit liegende Verwandtschaften sind vielen Testpersonen nicht bekannt. Das erschwerte die Beantwortung auf der Frage, ob der Verwandtschaftsgrad richtig ist. Außerdem liegt bei den getesteten Personen einen sehr engen Verwandtschaftsgrad aus der mütterlichen und väterlichen Linie, was die Analyse extrem erschwert und die Trennung der Verwandtschaften herausfordert.

4.3 Abgeleitete Forschungsfrage

Aus dem Ganzen ließ sich eine Forschungsfrage für zukünftige Arbeit ableiten. Diese lautet wie folgt: Welche methodischen Ansätze und Technologien ermöglichen eine effizientere Analyse und Validierung genetischer Daten, um die Präzisionsmedizin voranzutreiben, während technische, methodische und finanzielle Hürden überwunden werden – Ist der HDBSCAN Algorithmus eine effizientere Alternative für Clustering-Verfahren in genetischen Daten? Wie lassen sich Überschneidungen in Verwandtschaftsintervallen systematisch beheben, um klare Vorhersagen zu ermöglichen – bietet die MDS oder ein Random Forest anhand der Anzahl von cM eine bessere Lösung an?

In welchem Ausmaß könnten Übereinstimmungen zwischen medizinischen Daten aus GWAS- und SNPedia-Datenbanken sowie genetischen Testergebnissen potenzielle Risiken darstellen – Welche Rolle kann der Genotyp wirklich in der Übertragung von Krankheiten spielen, insbesondere in seiner Seltenheit?

Allgemein stellt sich die Frage, welche zusätzlichen Daten und Probandengruppen für zukünftige Forschung benötigt werden und inwiefern deren Integration die Aussagekraft der vorhandenen Ergebnisse beeinflussen könnte. Weiterhin wird gefragt, welcher methodische Ansatz zur Analyse der Abstammung am besten geeignet ist, primär im Hinblick auf die Trennung der mütterlichen und väterlichen Linien in komplexen Strukturen wie der vorliegenden? Dazu lässt sich hinterfragen, ob eine Simulation die Leistung des KI-Modells signifikant verbessern könnte und ob durch weitere Literaturen Informationen über Augen- und Haarfarbe sowie weitere Merkmale bestimmt werden können? Dafür wurde eine Basis für eine weitere Analyse anhand der Genverteilung im Datensatz geschaffen, wie in Abbildung 31 (Abbildung 31 im elektronischen Zusatzmaterial einsehbar) zu sehen. Die Daten stammen aus der GWAS-Datenbank.

5 Fazit

Diese Masterarbeit widmet sich der Analyse genetischer Daten mittels explorativer Methoden und KI-gestützter Modelle. Ziel der Arbeit war es, durch die Entwicklung eines Forschungsmodells auf Basis einer Fallstudie neue Erkenntnisse über bestimmte familiäre Strukturen zu gewinnen. Die Methodik basierte auf drei zentralen Elementen, die die Literaturrecherche, das Praxisexperiment, die Datenanalyse und die Ergebnisinterpretation waren. Zusätzlich wurde eine Evaluierungsumfrage realisiert als weiteres Instrument der Validierung der erzielten Ergebnisse. Die Analyse begann mit der Untersuchung potenzieller Mutationen innerhalb der Testdatensätze. Dabei wurden drei Arten von Mutationen identifiziert, die anhand der Unterschiede zwischen den Allelen in den verschiedenen Datensätzen berechnet wurden. Es wurde festgestellt, dass eine Kleinmenge der Getesteten über die unterschiedlichen Testdaten verschiedene Besatzung der Allelen hatte als die anderen, die mit einer einzelnen oder zwei Allelen vorgekommen sind. Dabei wurde auf mögliche komplexe Vererbung hingewiesen.

Weiterhin wurden die Ähnlichkeiten der Probanden durch den Jaccard-Index quantifiziert und mithilfe einer Jaccard-Matrix evaluiert: Dabei wurde herausgefunden, dass sich dadurch zwei Ähnlichkeitsgruppen gebildet haben. Probanden eins bis fünf und Probanden sechs bis acht. Diese Vorgehensweise wurde in vergangenen Studien als Instrument definiert, um die Verwandtschaften anhand der Ähnlichkeiten zu belegen. Eine detaillierte Analyse der Chromosomen zeigte, dass die X- und Y-Chromosomen im Datensatz enthalten waren. Auffällig war der geringere absolute Männeranteil in den untersuchten Daten. Hingegen war die Anzahl der Fälle unter Angabe der X-Chromosomen viel höher. Aufgrund keiner expliziten Kombinationsangabe der Geschlechtschromosomen wurden alle Xen als unter dem weiblichen Anteil versehen. Darüber hinaus wurde festgestellt,

G. Rabat, *Genetische Daten innerhalb einer Familie*,
https://doi.org/10.1007/978-3-658-50427-4_5

dass auf dem Y-Chromosom kaum genetische Variationen vorhanden waren, während auf dem X-Chromosom eine Mischung von Genotypen erkannt wurde. Es liegt daran, dass die Y-Chromosomen bei Männern keine Vererbungsrolle spielen. Ein weiterer Schwerpunkt lag auf der Untersuchung spezifischer Chromosomenpositionen. Dabei wurden Positionen mit fehlenden Informationen identifiziert, die eine Rolle bei der Interpretation genetischer Muster spielen könnten.

Die Untersuchung der Genotyp-Verteilung hat ergeben, dass kleinere Chromosomen eine dichtere Verteilung von Genotypen aufweisen als größere Chromosomen. Die Dominanz homozygoter Genotypen, bei denen die Allele an bestimmten Positionen identisch sind, war ein weiteres bemerkenswertes Ergebnis. Wobei ist es ebenfalls zu sehen gewesen, dass das Y-Chromosom keine Kombinationen in den Allelen besitzt. Des Weiteren wurden die Beziehungen zwischen den Chromosomen, Positionen und Genotypen untersucht, wodurch die vorherigen Ergebnisse bestätigt wurden, dass die kleinen Chromosomen mehr Positionsbelegung hatten als die größeren, wo auch die kleineren von dem homozygoten Genotyp überfallen waren. Ein zentrales Ziel der Arbeit war es, Krankheitsmuster in den DNA-Daten durch den Abgleich mit Informationen aus GWAS- und SNPedia-Datenbanken zu identifizieren.

Diese Verknüpfung brachte Zusammenhänge zwischen genetischen Daten und Krankheiten wie Autismus, Leukämie und bestimmten Krebserkrankungen ans Licht. Ohne Übereinstimmung aller oder Teil der vorhandenen genetischen Angaben wie Chromosomen- und Positionsdaten wurden ca. 57 Autismus-Fälle gefunden. Außerdem wurden ca. 15 Asthmafälle erkannt. Eine signifikante Korrelation zwischen den Krankheiten und den untersuchten genetischen Daten konnte an der Stelle nicht eindeutig festgestellt werden. Aus der SNPedia-Datenbank wurden ca. 35 Fälle der Leukämieerkrankung beobachtet. Vor dem Clustering erfolgte eine weitere explorative Darstellung der Genotypen, die gezeigt hat, dass homozygote Genotypen wie CC, GG, TT und AA in der Reihenfolge dominiert haben, während TC, CT, AC, GT und TG die mittlere Verteilung der heterozygoten aufwiesen. Weitere Heterozygoten wie AT, CG, GC, ID, CA und GA waren in geringeren Maßen oder als fehlend zu erfassen. Diese Analyse wurde mit der Exploration der Chromosomenverteilung ergänzt.

Im weiteren Verlauf der Arbeit wurden Clustering-Methoden auf die Genotypen sowie deren Chromosomen- und Positionsdaten angewendet, um die Daten anhand der Genotypen in zwei Cluster anzuordnen. Ein Clustering-Modell erreichte einen Silhouette-Koeffizienten in Höhe von 0,63, der in der Literatur als gut bewertet wurde. Zuvor lag die Qualität der Cluster bei 0.1402 und 0.48, bis der optimale Wert erreicht wurde. Das Clustering hat ebenfalls die Stärke des homozygoten Genotyps bestätigt.

Durch die Integration der Daten aus dem Chromosomen-Browser des Anbieters Myheritage konnte ein neuronales Netz trainiert werden. Beim ersten Training wurde ein Wert in Höhe von 0,80 der Genauigkeit erreicht. Nach erneutem Feature-Engineering erreichte das Model die Werte 0,85, 0,86 und endete mit einem optimalen Koeffizienten in Höhe von 0.91, womit die Vorhersage auf einen neuen Datensatz mit 0,00 % fehlenden Beziehungsvorhersagen erzielt wurde. Im Laufe der Arbeit konnte festgestellt werden, dass das benutzte Regelwerk starke Überschneidungen zwischen den Klassen hatte, was zur Verzerrung der Ergebnisse führte. Die präziseste Vorhersage genetischer Verwandtschaft gelang bei Eltern-Kind-Beziehungen am besten, da diese die geringsten Überschneidungen mit anderen Verwandtschaftsgraden aufwiesen und den höchsten Gesamt-cM-Wert in Abstand zu anderen Klassen hatten. Schwieriger gestaltete sich die Bestimmung entfernter Verwandtschaftsgrade wie 4. Grad Cousin/ Cousine 1. Grad entfernt, da die benachbarten Grade sich mit dieser Klasse stark überschnitten haben.

Dennoch konnte ein visueller Familienstammbaum erstellt werden, der die genetischen Beziehungen zwischen den Familienmitgliedern ohne Angabe des Grades aufzeigte. Nach sämtlichen Anpassungen und Optimierungen konnten zwei Visualisierungsarten aufgestellt werden. Die zweite Darstellung hat mehr Sinn ergeben, da sie mehr Informationen trotz ihrer Unübersichtlichkeit geliefert hat. Eine Analyse der cM-Werte in den Daten des Chromosomenbrowsers zeigte, dass die meisten cM zwischen null und 50 lagen. Diese Verteilung entsprach weitgehend den realen Verwandtschaftsverhältnissen und wies keine signifikanten Ausreißer auf. In einer Abbildung mittels Boxplots wurde bestätigt, dass alle Daten einer Klasse zugeordnet wurden. Nicht desto Trotz war die Zuordnung durch die Überschneidung nicht absolut korrekt. Weiterhin wurde auf die Vererbung in den Allelen geprüft, ob Testpersonen und ihre Matchpersonen identische Allele haben. Die meisten Fälle haben keine Übereinstimmung, während eine kleine Menge die Homogenität der Allelen aufzeigte. Eine weitere Abbildung veranschaulichte die Verteilung der cM's und gesamte cM's auf den Chromosomen in Bezug auf Übereinstimmung der Allele. Es zeigte sich ebenfalls, dass die kleinen Chromosomen die Mehrheit der Daten beinhalteten, insbesondere die ohne Übereinstimmung der Allelen.

Die Testpersonen, deren Allele mit den Matchpersonen identisch waren, wiesen signifikante gleichmäßige Verteilung auf allen Chromosomen auf. In einer Filterung der Daten basierend auf den Ähnlichkeiten der Allelen wurden weitere Analysen durchgeführt, darunter hierarchisches Clustering und die Visualisierung von Beziehungen zwischen Allelen, Krankheiten und Verwandtschaftsgraden. Hierbei wurde festgestellt, dass die Distanz der getesteten Personen durch die Abbildung der Clusterebenen unterschiedlich wahrgenommen wurde. Denn Eltern-Kind-Beziehungen wie die von Person1 und Person8 waren nicht im gleichen Cluster, aber nah zueinander, während eine andere Eltern-Kind-Beziehung wie Person7 und Person5 weit voneinander war. Allerdings lag der Cluster von Person4 richtig mit seiner Distanz und der weit liegenden realen Verwandtschaft. In den letzten Schritten der Arbeit wurden zwei Heatmaps erzeugt, die die Abhängigkeiten sowohl zwischen Krankheiten und Allelen als auch Krankheit und Verwandtschaftsgrad gezeigt haben. Zudem wurden mögliche Krankheitsrisiken durch den Abgleich mit DNA-Daten aus engen Familienkreisen aufgezeigt. Da jedoch keine fachliche Expertise hinzugezogen wurde, sind diese Ergebnisse als vorläufig zu betrachten.

Einige Erkrankungen wie Krebs, Leukämie, Diabetes und Autismus, Körperindex, Rauchzuneigung und viele andere Krankheiten wie Hornhautprobleme und Gebermutterkrebs konnten aufgefunden werden. Eine Evaluierungsumfrage von zwei Befragten hat gezeigt, dass die Antworten variieren, denn bei der ersten Befragung waren die Ja-Antworten überwiegend mehr als die Nein-Antworten auf die Fragen über Verwandtschaft und Krankheit. Hingegen waren die Ergebnisse der zweiten Befragung andersherum. Aufgrund der Verzerrung konnten die Ergebnisse der Umfrage die Qualität der qualitativen nicht bestätigen. Die Reflexion der Arbeit offenbarte verschiedene Herausforderungen, die die Forschung beeinflusst haben. Eine verbesserte Dateninfrastruktur, geringere Kosten und die Verfügbarkeit umfangreicher genetischer Daten sowie die Einbindung von Experten und weitere Testungen würden die Generalisierbarkeit der Ergebnisse deutlich erhöhen. Trotz dieser Einschränkungen liefert die Arbeit wesentliche Erkenntnisse, die eine Grundlage für weiterführende Forschung darstellen. Die geleitete Forschungsfrage hinterfragt, wie genetische Daten effizienter mit dem Einsatz von KI für die Präzisionsmedizin genutzt werden können?

Kann eine Optimierung durch weitere Einsätze explorativer Methoden und KI-Technologien erreicht werden? Die Ergebnisse verdeutlichten, dass genetische Variationen und Vererbungsmuster innerhalb familiärer Strukturen systematisch analysiert werden können. Es erscheint relevant zu untersuchen, ob das MDS- oder das Random-Forest-Modell bei der präzisen Bestimmung des Verwandtschaftsgrades eine Rolle spielen könnte. Zudem stellt sich die Frage, welche Variablen in der bisherigen Analyse gefehlt haben, um genauere Aussagen treffen zu können. Beispielsweise könnte die Berücksichtigung der Variable Alter einen wesentlichen Einfluss auf den Verlauf zukünftiger Studien haben. Eine zusätzliche Methode wie die MDS könnte in der differenzierten Analyse der väterlichen und mütterlichen Linien innerhalb einer Familie verwendet werden. Abschließend bleibt zu klären, ob und welche neuen Testpersonen in künftige Analysen einbezogen werden sollten, insbesondere in der vorhandenen Familie, wo starke Verwandtschaft seitens der Mutter und des Vaters in der Ebene Großeltern vorliegt. Die erfolgte Analyse beantwortet die ursprüngliche Forschungsfrage und deren Teilfrage größtenteils, da potenzieller Krankheitsmuster durch den Abgleich genetischer Daten mit externen Datenbanken wie GWAS und SNPedia vorläufige Zusammenhänge zwischen genetischen Variationen und Erkrankungen zeigte.

Diese Ergebnisse unterstreichen das Potenzial moderner Technologien, die genetische Forschung zu revolutionieren und wertvolle Beiträge zur Präzisionsmedizin sowie zur Ahnenforschung zu leisten. Trotz, dass die KI keine Rolle in der Entdeckung von Krankheiten gespielt hat, konnte die Kombination zwischen explorativen und KI-unterstützten Methoden einen wesentlichen Beitrag leisten in der Vorhersage der Verwandtschaften und der Erzielung der Erkenntnisse über die vorhandenen Vererbungsmuster. Auch wenn die Verwandtschaftsvorhersagen Verzerrung durch das ungenaue Regelwerk hatten und keine direkte Aussage über den Grad tätigen konnten, hat es sich bewiesen, dass indirekte familienenge Relationen vom Regelwerk resultiert und vom Modell entsprechend prognostiziert wurden, die der Realität nicht weit liegen. Dazu wurden sämtliche Daten und Informationen gewonnen, die von den jetzigen Anbietern nicht in diesem großen Ausmaß angeboten werden. Eine Fortführung dieser Studie nach Beseitigung sämtlicher Herausforderungen könnte zur Optimierung der jetzigen Ergebnisse führen.

Literaturverzeichnis

Apell, P., & Eriksson, H. (2023). Artificial intelligence (AI) healthcare technology innovations: the current state and challenges from a life science industry perspective. *Technology Analysis and Strategic Management*, *35*(2), 179–193. https://doi.org/10.1080/09537325.2021.1971188

Bettinger, B. T. (2016). THE SHARED CM PROJECT: A DEMONSTRATION OF THE POWER OF CITIZEN SCIENCE. In *Journal:* www.jogg.info *Originally Published* (Vol. 8, Issue 1). www.jogg.infohttp://www.thegeneticgenealogist.com

Birky, C. W. (2001). *THE INHERITANCE OF GENES IN MITOCHONDRIA AND CHLOROPLASTS: Laws, Mechanisms, and Models.* www.annualreviews.org

Boelmann, J. M. (2018). *Empirische Forschung in der Deutschdidaktik. Band 1: Grundlagen.*

Claustres, M., Kožich, V., Dequeker, E., Fowler, B., Hehir-Kwa, J. Y., Miller, K., Oosterwijk, C., Peterlin, B., Van Ravenswaaij-Arts, C., Zimmermann, U., Zuffardi, O., Hastings, R. J., & Barton, D. E. (2014). Recommendations for reporting results of diagnostic genetic testing (biochemical, cytogenetic and molecular genetic). *European Journal of Human Genetics*, *22*(2), 160–170. https://doi.org/10.1038/ejhg.2013.125

Deakin, J. E., Potter, S., O'neill, R., Ruiz-Herrera, A., Cioffi, M. B., Eldridge, M. D. B., Fukui, K., Marshall Graves, J. A., Griffin, D., Grutzner, F., Kratochvíl, L., Miura, I., Rovatsos, M., Srikulnath, K., Wapstra, E., & Ezaz, T. (2019). Chromosomics: Bridging the Gap between Genomes and Chromosomes. In *Genes* (Vol. 10, Issue 8). Multidisciplinary Digital Publishing Institute (MDPI). https://doi.org/10.3390/genes10080627

Dorota Mackiewiczn, M. Z. W. W. S. C. (2010). Genome analyses and modelling the relationships between coding density. *Journal of Theoretical Biology*, *267*, 186–192.

Engström, E., Storey, M. A., Runeson, P., Höst, M., & Baldassarre, M. T. (2020). How software engineering research aligns with design science: a review. *Empirical Software Engineering*, *25*(4), 2630–2660. https://doi.org/10.1007/s10664-020-09818-7

Fletcher, S., & Islam, Z. (2018). Comparing sets of patterns with the Jaccard index. In *Australasian Journal of Information Systems Fletcher & Islam* (Vol. 22).

Güney, H. (2023). Preprocessing Impact Analysis for Machine Learning-Baseed Network intrusion Detection. *Journal of King Saud University*, *1*. https://doi.org/10.35377/saucis...1223054

G. Rabat, *Genetische Daten innerhalb einer Familie*,
https://doi.org/10.1007/978-3-658-50427-4

Hagberg, A. A., Schult, D. A., & Swart, P. J. (2008). Exploring Network Structure, Dynamics, and Function using NetworkX. *Proceedings of the 7th Python in Science Conference*, 11–15. https://doi.org/10.25080/tcwv9851

He, Z., Shen, X., Zhou, Y., & Wang, Y. (2024). Application of K-means clustering based on artificial intelligence in gene statistics of biological information engineering. *ACM International Conference Proceeding Series*, 468–473. https://doi.org/10.1145/3665689.3665767

Hollweck, T. (2015). Robert K. Yin. (2014). Case Study Research Design and Methods (5th ed.). . *Canadian Journal of Program Evaluation, 30*(1), 108–110. https://doi.org/10.3138/cjpe.30.1.108

Kananen, L., & Marttila, S. (2021). Ageing-associated changes in DNA methylation in X and Y chromosomes. *Epigenetics and Chromatin, 14*(1). https://doi.org/10.1186/s13072-021-00407-6

Kendrick, J. S. (1989). The box plot: A simple visual method to interpret data. *Article in Annals of Internal Medicine*. https://doi.org/10.1059/0003-4819-110-11-916

Khaleel, M. I., Mohammed, M. A., & Qays, M. (2024). Dominant Gray Level-based Genetic K-means Clustering Algorithm for MRI Image Segmentation. *Engineering, Technology and Applied Science Research, 14*(3), 14355–14360. https://doi.org/10.48084/etasr.7125

Korfmann, K., Gaggiotti, O. E., & Fumagalli, M. (2023). Deep Learning in Population Genetics. In *Genome Biology and Evolution* (Vol. 15, Issue 2). Oxford University Press. https://doi.org/10.1093/gbe/evad008

Li, W. (2008). Three lectures on case-control genetic association analysis. In *Briefings in Bioinformatics* (Vol. 9, Issue 1, pp. 1–13). https://doi.org/10.1093/bib/bbm058

Linck, E., & Battey, C. J. (2019). Minor allele frequency thresholds strongly affect population structure inference with genomic data sets. *Molecular Ecology Resources, 19*(3), 639–647. https://doi.org/10.1111/1755-0998.12995

Livshits, G., & Kobyliansky, E. (1982). *Comparative Analysis of Morphological Traits in Biochemically.. Homozyg.ous and Heterozygous Individuals from a Single Population.*

Matalonga, L., Hernández-Ferrer, C., Piscia, D., Cohen, E., Cuesta, I., Danis, D., Denommé-Pichon, A. S., Duffourd, Y., Gilissen, C., Johari, M., Laurie, S., Li, S., Matalonga, L., Nelson, I., Peters, S., Paramonov, I., Prasanth, S., Robinson, P., Sablauskas, K., … Rump, A. (2021). Solving patients with rare diseases through programmatic reanalysis of genome-phenome data. *European Journal of Human Genetics, 29*(9), 1337–1347. https://doi.org/10.1038/s41431-021-00852-7

Monavari, S. M., & Memarian, N. (2023). Ab Initio investigation for DNA nucleotide bases sequencing using chiral carbon nanobelts and nanotubes. *Scientific Reports, 13*(1). https://doi.org/10.1038/s41598-023-45361-3

Otowa, T., Hek, K., Lee, M., Byrne, E. M., Mirza, S. S., Nivard, M. G., Bigdeli, T., Aggen, S. H., Adkins, D., Wolen, A., Fanous, A., Keller, M. C., Castelao, E., Kutalik, Z., Der Auwera, S. V., Homuth, G., Nauck, M., Teumer, A., Milaneschi, Y., … Hettema, J. M. (2016). Meta-analysis of genome-wide association studies of anxiety disorders. *Molecular Psychiatry, 21*(10), 1391–1399. https://doi.org/10.1038/mp.2015.197

Pearson, H. (2006). *WHAT IS A GENE?*

Prokopenko, D., Hecker, J., Silverman, E. K., Pagano, M., Nöthen, M. M., Dina, C., Lange, C., & Fier, H. L. (2016). Utilizing the Jaccard index to reveal population stratification in sequencing data: A simulation study and an application to the 1000 Genomes Project. *Bioinformatics, 32*(9), 1366–1372. https://doi.org/10.1093/bioinformatics/btv752

S.Albers/ D.Klapper/ U.Konradt/ A.Walter/ J. Wolf (Hrsg). (2009). Methodik der empirischen Forschung. In *Methodik der empirischen Forschung*. Gabler Verlag. https://doi.org/10.1007/978-3-322-96406-9

Schröer, C., Kruse, F., & Gómez, J. M. (2021). A systematic literature review on applying CRISP-DM process model. *Procedia Computer Science, 181*, 526–534. https://doi.org/10.1016/j.procs.2021.01.199

Schubert, E., Sander, J., Ester, M., Kriegel, H. P., & Xu, X. (2017). DBSCAN revisited, revisited: Why and how you should (still) use DBSCAN. *ACM Transactions on Database Systems, 42*(3). https://doi.org/10.1145/3068335

Shahapure, K. R., & Nicholas, C. (2020). Cluster quality analysis using silhouette score. *Proceedings – 2020 IEEE 7th International Conference on Data Science and Advanced Analytics, DSAA 2020*, 747–748. https://doi.org/10.1109/DSAA49011.2020.00096

Sharma, S., & Batra, N. (2019). *Comparative Study of Single Linkage, Complete Linkage, and Ward Method of Agglomerative Clustering.*

Sofaer, S. (1999). *Articles Qualitative Methods: What Are They and Why Use Them?*

Tabangin, M. E., Woo, J. G., & Martin, L. J. (2009). The effect of minor allele frequency on the likelihood of obtaining false positives. *BMC Proceedings, 3*(S7). https://doi.org/10.1186/1753-6561-3-s7-s41

Tasci, A. D. A., Wei, W., & Milman, A. (2020). Uses and misuses of the case study method. *Annals of Tourism Research, 82*. https://doi.org/10.1016/j.annals.2019.102815

Uffelmann, E., Huang, Q. Q., Munung, N. S., de Vries, J., Okada, Y., Martin, A. R., Martin, H. C., Lappalainen, T., & Posthuma, D. (2021). Genome-wide association studies. In *Nature Reviews Methods Primers* (Vol. 1, Issue 1). Springer Nature. https://doi.org/10.1038/s43586-021-00056-9

Unger, M., & Kather, J. N. (2024). Deep learning in cancer genomics and histopathology. In *Genome Medicine* (Vol. 16, Issue 1). BioMed Central Ltd. https://doi.org/10.1186/s13073-024-01315-6

Valdes, A. M., Slatkin, M., & Freimert, N. B. (1993). Allele Frequencies at Microsatellite Loci: The Stepwise Mutation Model Revisited. In *Genetics* (Vol. 133). https://academic.oup.com/genetics/article/133/3/737/6009258

Wu, Y. chen, & Feng, J. wen. (2018). Development and Application of Artificial Neural Network. *Wireless Personal Communications, 102*(2), 1645–1656. https://doi.org/10.1007/s11277-017-5224-x

Yin, R. K. (n.d.). The Case Study as a Serious Research Strategy. In *Knovi ledge CreatIOn. Diffusion, Utilization.*

Yin, R. K. (2009). Case study research Design and methods. *Canadian Journal of Action Research.*

Yun, L., Willer, C., Sanna, S., & Abecasis, G. (2009). Genotype imputation. In *Annual Review of Genomics and Human Genetics* (Vol. 10, pp. 387–406). https://doi.org/10.1146/annurev.genom.9.081307.164242

Z. Burda, A. G. A. J. J. J. (2004). Signal and noise in correlation matrix. *Sciencedirect.*

Zankl, H. (1998). *Von der Vererbungslehre zur Genmedizin.* 9–12.

FSC
www.fsc.org
MIX
Papier | Fördert
gute Waldnutzung
FSC® C083411

Kolibri 360 GmbH
Ferdinand-Jühlke-Straße 7
99095 Erfurt, Deutschland
produktsicherheit@kolibri360.de